Learn Korean with Expert Tips and the Latest Cultural Trends

KOREAN MATE
한국어 메이트 ④

교재 구성표

과	어휘 및 표현	문법	한국 이야기
01	취직	동-ㄹ/을 겸 (해서), 명 겸 명 형 동-더라도 형 동-거든	한국 회사의 인턴 프로그램
02	추억과 기억	형 동-았/었/했던 동-고는(곤) 하다/했다 동-ㄴ/은/는 김에	전통 한국 과자의 재탄생
03	재활용, 분리수거 방법, 쓰레기 버리기	형 동-더라고(요), 명(이)더라고(요) 동-았/었/했더니 명을/를 비롯하여/해(서)/한	분리배출하는 방법
04	질병, 치료	형 동-더니 동-아/어/해 대다 동-기 십상이다	한국인에게 가장 빈번히 발생하는 질환
05	고장/수리, 서비스 센터	동-아/어/해 버릇하다 형 동-아/어/해서 그런지, 명(이)어서 그런지 동-는 바람에	한국의 A/S 문화

1-5과 복습

과	어휘 및 표현	문법	한국 이야기
06	영화 장르, 직업, 감상, 영화/드라마	형 동-ㄹ/을 게 뻔하다 형-ㄴ/은데도 불구하고, 동-는데도 불구하고 형 동-거든(요)	K-드라마의 5가지 사실
07	속담	동-기 마련이다 형-다고 하더니, 동-ㄴ/는다고 하더니, 명(이)라더니 동-ㄴ/은/는 대로, 명대로	호랑이와 관련된 속담
08	컴퓨터/인터넷, 웹 사이트	형-ㄴ/은 듯하다, 동-는 듯하다, 명인 듯하다 동-느니 차라리 동-ㄴ/은 채(로)	한국의 대표 문서 작성 프로그램: 한글

과	어휘 및 표현	문법	한국 이야기
09	운세와 미신, 복과 행운	동-기 나름이다 형 동-기는커녕, 명은/는커녕 형 동-아/어해 봤자	손금
10	공공 기관/관공서의 종류, 관공서 관련 어휘	동-(으)려던 참이다/참에 동-고 말다 동-(으)려다(가)	외국인 주민 전용 관공서

6-10과 복습

과	어휘 및 표현	문법	한국 이야기
11	사건/사고, 범죄	형 동-ㄹ/을 리(가) 없다, 명일 리(가) 없다 형 동-았/었/했더라면 형-ㄴ/은 탓에, 동-ㄴ/은/는 탓에, 명 탓에	한국의 층간 소음 문제
12	환경, 그래프	동-다가는 명에 따르면 명에 불과하다 형 동-(으)며, 명(이)며	한국 길거리의 쓰레기통
13	교육	형 동-(으)면서도 동-는 데(에) 동-다(가) 보면 명(으)로 인해(서)	한국의 교육 제도
14	삶과 가치관의 변화	형-다면서요?, 동-ㄴ/는다면서요?, 명(이)라면서요? 형-ㄴ/은 셈이다, 동-ㄴ/은/는 셈이다, 명인 셈이다 동-(으)나 마나	산후조리원
15	한국의 위인, 인물, 평가	형-다기보다는, 동-ㄴ/는다기보다는, 명(이)라기보다는 명에 의해서 명(으)로서 명에/에게 달려 있다	조선의 왕 정조

11-15과 복습

교재 구성과 사용법

어휘 및 표현

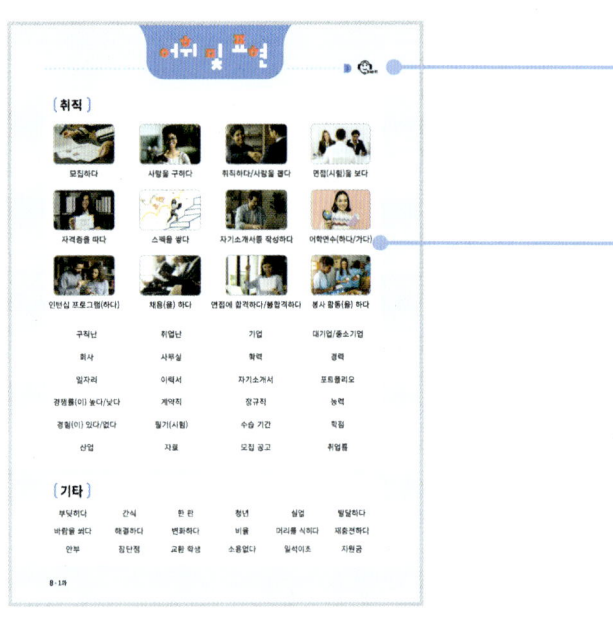

제시된 오디오 트랙엔 한 과의 모든 단어, 문법 예시문, 대화문, 듣기 문제가 들어있습니다.

과 주제와 연관된 가장 중요하고 일상적인 단어와 표현을 제시합니다.

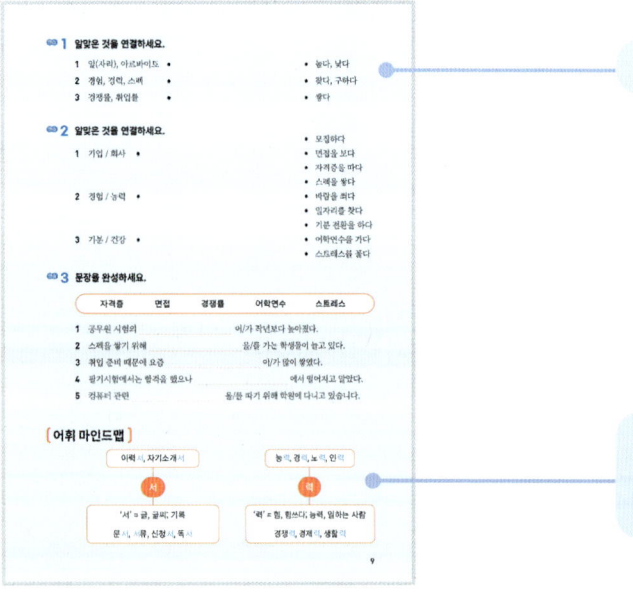

과 단어를 확인할 수 있는 문제가 제공됩니다.

때때로 과 주제와 연관된 어휘 마인드맵을 통해 새로운 단어와 단어의 어원을 제공합니다.

문법

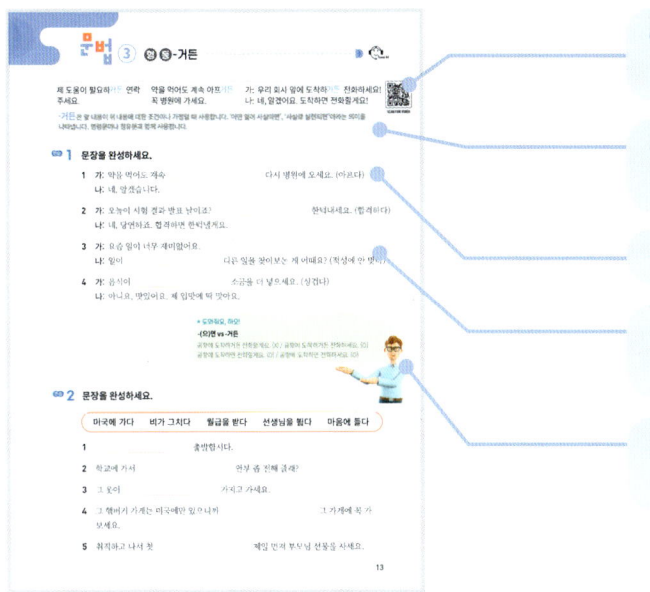

QR코드에는 문법 설명 영상이 연동되어 있습니다.

문법 예문을 먼저 제시하여 패턴을 익히도록 합니다.

문법을 어떻게 사용하는지 자세히 설명합니다.

문법별 연습 문제를 통해 학습자가 배운 내용을 이해할 수 있도록 합니다.

학습자가 미리 알아두면 좋을 만한 한국어 팁을 제공합니다.

대화문

대화문과 관련된 상황 정보를 삽화로 제시하여 대화 내용을 예측해 보게 합니다.

대화문과 관련된 질문을 제시하여 대화 내용을 파악할 수 있도록 합니다.

말하기

예시 대화문을 통해 완전한 문장을 만들고 패턴을 익힐 수 있도록 합니다.

듣기

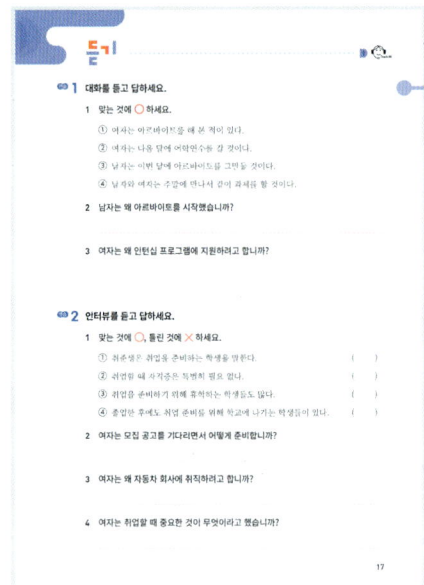

듣기 문제를 통해 과의 문법과 단어를 함께 확인합니다.

읽기와 쓰기

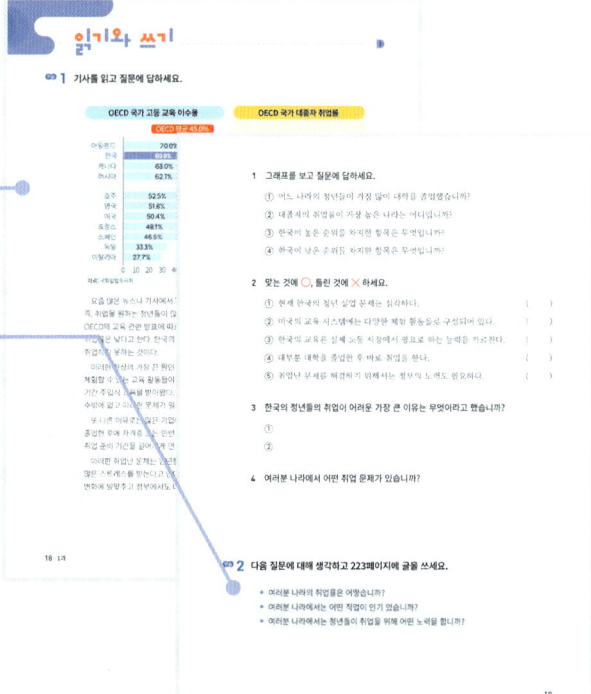

글과 연습 문제를 통해 기본 읽기 실력을 쌓을 수 있습니다.

쓰기 연습을 통해 비판적 사고와 글쓰기 실력을 키울 수 있습니다. 먼저 생각을 정리하고 책 뒤에 있는 '쓰기 연습장'에 전체 글쓰기 연습을 합니다.

한국 이야기

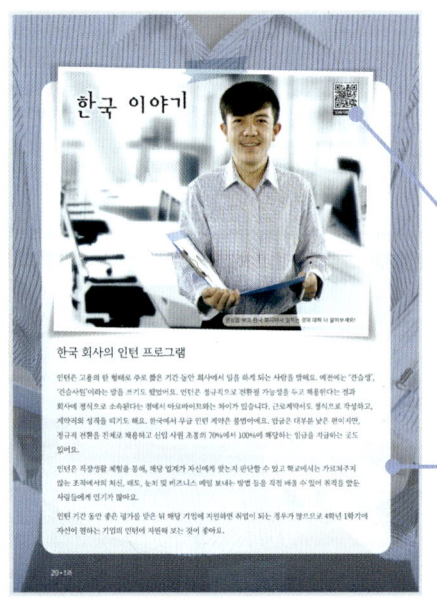

QR코드에는 문화 요소에 대한 생각을 확장할 수 있는 짧은 영상이 연동되어 있습니다.

다양한 주제와 관련 있는 문화 요소가 제시됩니다.

주요 표현
경험도 쌓을 겸 한 번 도전해 볼게요.

문법
동-ㄹ/을 겸 (해서), 명 겸 명
형 동-더라도
형 동-거든

한국 이야기
한국 회사의 인턴 프로그램

어휘 및 표현

[취직]

모집하다

사람을 구하다

취직하다/사람을 뽑다

면접(시험)을 보다

자격증을 따다

스펙을 쌓다

자기소개서를 작성하다

어학연수(하다/가다)

인턴십 프로그램(하다)

채용(을) 하다

면접에 합격하다/불합격하다

봉사 활동(을) 하다

구직난	취업난	기업	대기업/중소기업
회사	사무실	학력	경력
일자리	이력서	자기소개서	포트폴리오
경쟁률(이) 높다/낮다	계약직	정규직	능력
경험(이) 있다/없다	필기(시험)	수습 기간	학점
산업	자료	모집 공고	취업률

[기타]

부딪히다	간식	한 판	청년	실업	발달하다
바람을 쐬다	해결하다	변화하다	비율	머리를 식히다	재충전하다
안부	장단점	교환 학생	소용없다	일석이조	지원금

연습 1 알맞은 것을 연결하세요.

1. 일(자리), 아르바이트 •   • 높다, 낮다
2. 경험, 경력, 스펙 •   • 찾다, 구하다
3. 경쟁률, 취업률 •   • 쌓다

연습 2 알맞은 것을 연결하세요.

1. 기업 / 회사 •   • 모집하다
                                          • 면접을 보다
                                          • 자격증을 따다
                                          • 스펙을 쌓다
2. 경험 / 능력 •   • 바람을 쐬다
                                          • 일자리를 찾다
                                          • 기분 전환을 하다
3. 기분 / 건강 •   • 어학연수를 가다
                                          • 스트레스를 풀다

연습 3 문장을 완성하세요.

| 자격증 | 면접 | 경쟁률 | 어학연수 | 스트레스 |

1. 공무원 시험의 _____ 이/가 작년보다 높아졌다.
2. 스펙을 쌓기 위해 _____ 을/를 가는 학생들이 늘고 있다.
3. 취업 준비 때문에 요즘 _____ 이/가 많이 쌓였다.
4. 필기시험에서는 합격을 했으나 _____ 에서 떨어지고 말았다.
5. 컴퓨터 관련 _____ 을/를 따기 위해 학원에 다니고 있습니다.

어휘 마인드맵

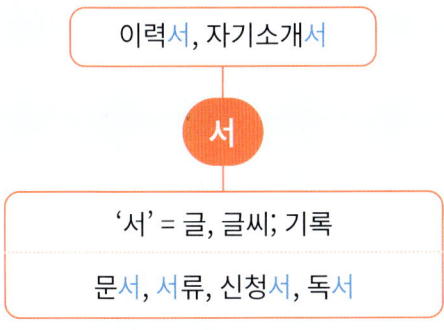

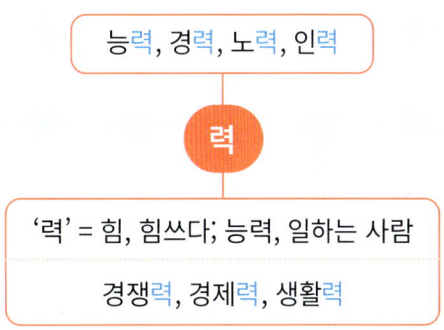

문법 ① 동-ㄹ/을 겸 (해서), 명 겸 명

오후에 어디에 가세요?

장도 볼 겸 옷도 살 겸 쇼핑몰에 가려고요.

1. 명도 동-ㄹ/을 겸 명도 동-ㄹ/을 겸 (해서)
용돈도 벌 겸 경험도 쌓을 겸 해서 아르바이트를 하려고요.
운동도 할 겸 한국 문화도 배울 겸 태권도를 배우고 있어요.

2. 명도 동-ㄹ/을 겸 (해서)
(커피도 마실 겸) 친구와 이야기도 할 겸 커피숍에 갔어요.
(장도 볼 겸) 바람도 쐴 겸 시장에 다녀왔어요.

3. 명 겸 명
그 사람은 배우 겸 감독이에요.
아침 겸 점심으로 샌드위치를 먹었어요.

> -ㄹ/을 겸 (해서), 겸은 두 가지 이상의 목적을 가지고 어떤 행동을 하는 상황을 나타냅니다. 여러 가지 목적 중 하나만 말할 때는 -ㄹ/을 겸 (해서)을 쓰고, 두 가지 목적을 모두 말할 때는 -ㄹ/을 겸 -ㄹ/을 겸 (해서)을 사용합니다. -ㄹ/을 겸으로 사용할 때 동사 앞에 오는 명사에 '도'를 붙여서 쓰기도 합니다.

연습 1 문장을 완성하세요.

1. 가: 왜 한국에 왔어요?
   나: _____ 한국에 왔어요.
   (한국 친구, 사귀다 + 한국말, 배우다)

2. 가: 대학교를 휴학했다면서요?
   나: _____ 휴학했어요. (어학연수, 가다 + 해외여행, 하다)

3. 가: 어제 뭐 했어?
   나: _____ 백화점에 갔어. (기분 전환, 하다 + 쇼핑, 하다)

4. 가: 다음 주가 방학인데 같이 바람 쐬러 갈래요?
   나: 그럼 _____ 등산 어때요? (바람, 쐬다 + 운동, 하다)

5. 가: 일자리 구했다면서요?
   나: 네, _____ 한번 해 보려고요. (돈, 벌다 + 경험, 쌓다)

6. 가: 여수에 왜 다녀왔어요?
   나: _____ 다녀왔어요. (친구, 만나다 + 여행, 하다)

연습 2 문장을 완성하세요.

명 도 / 통 -ㄹ/을 겸 (해서)

1. 가: 저는 _____ 짧은 거리는 자전거를 타고 다녀요.
   (교통비, 아끼다)
   나: 운동도 되고 일석이조네요.

2. 가: 오늘 오후에 계획이 있어요?
   나: 네, _____ 친구와 노래방에 가기로 했어요. (스트레스, 풀다)

3. 가: 민아 씨, 지금 어디예요?
   나: _____ 도서관에 와 있어요. (자료, 찾다)

4. 가: _____ 커피 한잔할까요? (머리, 식히다)
   나: 좋죠. 안 그래도 커피 한잔 마시고 싶었어요.

연습 3 문장을 완성하세요.

명 겸 명

1. 이 테이블은 _____ (으)로 쓰고 있어요. (책상 + 식탁)
2. 여기는 _____ (으)로 사용하고 있어요. (주방 + 거실)
3. 이번 주 주말에 _____ 을/를 하려고 해요. (집들이 + 생일 파티)
4. 이번 여행은 나에게 _____ 기회가 되었다. (휴식 + 재충전)

연습 4 문장을 완성하세요.

> 친구를 사귀다   경험을 쌓다   돈을 벌다   바람을 쐬다   운동하다
> 간식을 사다   산책하다   기분 전환을 하다

1. _____ ㄹ/을 겸 _____ ㄹ/을 겸 부산에 다녀왔어요.
2. _____ ㄹ/을 겸 _____ ㄹ/을 겸 헬스장에 다니려고 해요.
3. _____ ㄹ/을 겸 _____ ㄹ/을 겸 편의점에 갈 거예요.
4. _____ ㄹ/을 겸 _____ ㄹ/을 겸 아르바이트를 할 거예요.

아무리 바쁘더라도 숙제는 해야 해요.   아무리 기분이 나쁘더라도 참아야 할 때도 있어요.   결혼을 하더라도 계속 회사에 다닐 예정입니다.

-더라도는 앞에 오는 말을 가정하거나 인정하지만 뒤에 오는 말과는 관계가 없음을 표현합니다. 강조하고 싶을 때는 '아무리, 비록'과 함께 사용합니다.

연습 1 문장을 완성하세요.

1 가: 매번 교수님께 직접 가서 과제를 제출해야 되니까 너무 귀찮아.
   나: 어쩔 수 없어. _____ 직접 가야지.

2 가: 처음 하는 일이라 실수할까봐 걱정돼요.
   나: 누구나 처음에는 실수할 수 있어요. _____ 천천히 배우면 돼요.

3 가: 날씨가 많이 흐리네요. 비가 올 것 같아요.
   나: _____ 오늘 경기는 진행될 거예요.

4 가: 오늘 아르바이트 때 만난 손님 때문에 너무 속상해.
   나: _____ 참고 열심히 일하면 좋은 경험이 될 거야. 힘내!

연습 2 문장을 만드세요.

1 가: 어제 친구에게 화가 나서 심한 말을 해 버렸어요.
   나: (아무리) _____

2 가: 휴대폰 게임이 재미있어서 보면서 걷다가 문에 부딪혔어요.
   나: (아무리) _____

3 가: 케이크가 너무 맛있어서 한 판 다 먹어 버렸어요.
   나: (아무리) _____

4 가: 요즘 너무 바빠서 밥을 못 먹을 때가 많네요.
   나: (아무리) _____

문법 ③ 형 동 -거든

제 도움이 필요하거든 연락 주세요.

약을 먹어도 계속 아프거든 꼭 병원에 가세요.

가: 우리 회사 앞에 도착하거든 전화하세요!
나: 네, 알겠어요. 도착하면 전화할게요!

-거든은 앞 내용이 뒤 내용에 대한 조건이나 가정일 때 사용합니다. '어떤 일이 사실이면', '사실로 실현되면'이라는 의미를 나타냅니다. 명령문이나 청유문과 함께 사용합니다.

연습 1 문장을 완성하세요.

1. 가: 약을 먹어도 계속 _____ 다시 병원에 오세요. (아프다)
   나: 네, 알겠습니다.

2. 가: 오늘이 시험 결과 발표 날이죠? _____ 한턱내세요. (합격하다)
   나: 네, 당연하죠. 합격하면 한턱낼게요.

3. 가: 요즘 일이 너무 재미없어요.
   나: 일이 _____ 다른 일을 찾아보는 게 어때요? (적성에 안 맞다)

4. 가: 음식이 _____ 소금을 더 넣으세요. (싱겁다)
   나: 아니요, 맛있어요. 제 입맛에 딱 맞아요.

★ 도와줘요, 하오!

-(으)면 vs -거든

공항에 도착하거든 전화할게요. (X) / 공항에 도착하거든 전화하세요. (O)
공항에 도착하면 전화할게요. (O) / 공항에 도착하면 전화하세요. (O)

연습 2 문장을 완성하세요.

| 미국에 가다 | 비가 그치다 | 월급을 받다 | 선생님을 뵙다 | 마음에 들다 |

1. _____ 출발합시다.

2. 학교에 가서 _____ 안부 좀 전해 줄래?

3. 그 옷이 _____ 가지고 가세요.

4. 그 햄버거 가게는 미국에만 있으니까 _____ 그 가게에 꼭 가 보세요.

5. 취직하고 나서 첫 _____ 제일 먼저 부모님 선물을 사세요.

완: 빙굿 씨, 취직하셨다면서요? 축하드려요.

빙굿: 고마워요. 제 새로운 명함을 받으세요. 완 씨도 한국 회사에 취업하고 싶다고 했죠?

완: 네, 그런데 어떻게 준비해야 할지 모르겠어요. 지금은 한국어 공부만 열심히 하고 있어요.

빙굿: 잘 하고 있네요. 한국어 실력이 중요해요. 그리고 취직하고 싶은 분야의 자격증을 따 둬야 해요.

완: 네. 아무리 한국어를 잘하**더라도** 관련 분야 자격증이 없으면 취업하기 어렵다고들 하더라고요.

빙굿: 아, 이번에 우리 회사에서 인턴십 프로그램을 진행한다던데요.

완: 인턴십 프로그램이요? 그게 뭐예요?

빙굿: 인턴십 프로그램은 학생들이 기업에서 일정 기간 동안 체험하면서 일을 배울 수 있게 하는 제도예요.

완: 그래요? 한 번 해 보고 싶어요. 어떻게 지원하면 돼요?

빙굿: 우리 회사 홈페이지에서 지원할 수 있어요. 그런데 경쟁률이 센 편이라 면접 준비도 잘 해야 해요.

완: 경험**도** 쌓을 **겸** 한번 도전해 볼게요.

빙굿: 제 도움이 필요하**거든** 언제든 연락하세요.

완: 정말요? 감사합니다, 빙굿 씨.

연습 1 대화문에 대해 답하세요.

1. 빙굿은 어디에 취직했습니까?
2. 한국 회사에 취직하려면 어떻게 해야 합니까?
3. 인턴십 프로그램은 무엇입니까?

연습 2 여러분에 대해 답하세요.

1. 여러분은 어떤 회사에서 일하고 싶습니까?

2. 인턴십 프로그램에 참여해 본 적이 있습니까? 기회가 있다면 해 보고 싶습니까?

말하기

연습 1 친구와 묻고 답하세요.

> **보기**
> 가: <u>동호회 활동</u> 을/를 자주 하고 있나요?
> 나: 네, 저는 <u>새로운 사람을 만날</u> 겸 <u>스트레스도 풀</u> 겸(해서) 주말마다
>   <u>동호회 활동을</u> 해요.

종류	하는 이유(두 가지)
1 운동	건강을 지키다, 스트레스를 풀다
2 취미 활동	
3 한국어 공부	
4 드라마 보기	

연습 2 친구와 묻고 답하세요.

> **보기**
> 가: <u>인기가 많</u> (으)면 <u>매일 바빠</u> 도 괜찮아요?
> 나: 네, <u>매일 바쁘</u> 더라도 <u>인기가 많</u> (으)면 괜찮아요.
>   아니요, <u>인기가 많</u> 더라도 <u>가족을 못 보</u> 면 안 돼요.

1. 월급이 많다 / 매일 야근하다
2. 잘 가르치다 / 학원비가 비싸다
3. 후배의 성격이 좋다 / 후배가 일을 못하다
4. 맛집이다 / 2시간 기다려서 먹다
5.

연습 3 친구의 고민에 조언을 주세요.

> **보기**
> 가: <u>살이 쪘는데</u> 어떻게 해야 할까요?
> 나: <u>살이 찌</u> 거든 <u>운동하</u> 세요.

1. 요즘 머리가 자주 아프다
2. 밤에 잠이 안 오다
3. 한국어 문법이 너무 어렵다
4.

연습 4 면접에서 나올 것 같은 질문을 직접 만들어 보세요.

항목	질문 내용
1 경력	어떤 일을 해 봤습니까?
2 능력/자격증	무슨 자격증이 있습니까?
3 외국어	
4 지원 동기	
5 성격의 장단점	
6	
7	

연습 5 친구와 면접관과 지원자가 되어 면접 연습을 해 보세요.

> 카페 아르바이트   게임 회사   여행사

가: _____ 씨는 전에 어떤 일을 해 봤습니까?
나: 저는 _____

가: 무슨 자격증이 있습니까?
나: 저는 _____

가: _____
나: _____

가: _____
나: _____

연습 6 친구와 묻고 답하세요.

1 무슨 자격증이 있습니까? 언제, 왜 그 자격증을 땄습니까? 자격증이 없다면 앞으로 무슨 자격증을 따고 싶습니까?
2 여러분이 하고 싶은 일은 어떤 능력이 필요합니까?
3 사회 경험을 쌓기 위해서는 무엇을 하면 좋습니까?
4 적성에 맞는 일을 찾기 위해서 어떻게 하면 좋습니까?

연습 1 대화를 듣고 답하세요.

1 맞는 것에 ○ 하세요.

① 여자는 아르바이트를 해 본 적이 있다.
② 여자는 다음 달에 어학연수를 갈 것이다.
③ 남자는 이번 달에 아르바이트를 그만둘 것이다.
④ 남자와 여자는 주말에 만나서 같이 과제를 할 것이다.

2 남자는 왜 아르바이트를 시작했습니까?

3 여자는 왜 인턴십 프로그램에 지원하려고 합니까?

연습 2 인터뷰를 듣고 답하세요.

1 맞는 것에 ○, 틀린 것에 ✕ 하세요.

① 취준생은 취업을 준비하는 학생을 말한다. (   )
② 취업할 때 자격증은 특별히 필요 없다. (   )
③ 취업을 준비하기 위해 휴학하는 학생들도 많다. (   )
④ 졸업한 후에도 취업 준비를 위해 학교에 나가는 학생들이 있다. (   )

2 여자는 모집 공고를 기다리면서 어떻게 준비합니까?

3 여자는 왜 자동차 회사에 취직하려고 합니까?

4 여자는 취업할 때 중요한 것이 무엇이라고 했습니까?

읽기와 쓰기

연습 1 기사를 읽고 질문에 답하세요.

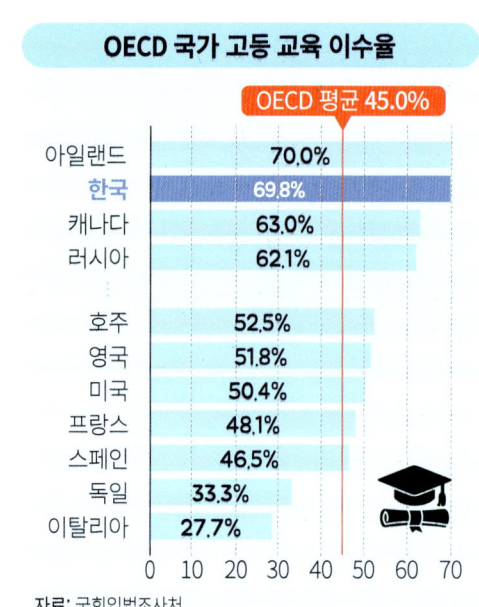

요즘 많은 뉴스나 기사에서 '취업난', '구직난', '청년 실업'이라는 용어를 자주 볼 수 있다. 즉, 취업을 원하는 청년들이 많은데도 불구하고 일자리를 얻기 어렵다는 사실을 보여준다. OECD의 교육 관련 발표에 따르면 한국은 대학 졸업자의 비율이 높지만 대졸 청년의 취업률은 낮다고 한다. 한국의 청년 중 약 70%가 대학교를 졸업했지만, 그중 약 25%는 아직 취업하지 못하는 것이다.

이러한 현상의 가장 큰 원인 중 하나는 주입식 교육 시스템이다. 미국에서는 학생들이 직접 체험할 수 있는 교육 활동들이 많이 구성되어 있지만, 한국 학생들은 대학 진학을 위해 오랜 기간 주입식 교육을 받아왔다. 그래서 실제 노동 시장에서 필요로 하는 능력과는 차이가 생길 수밖에 없고 이러한 문제가 일자리를 구하기 어렵게 만드는 것이다.

또 다른 이유로는 많은 기업에서 경력자를 선호한다는 것이다. 그래서 대부분 대학을 졸업한 후에 자격증 또는 인턴 등 스펙을 쌓는 데 많은 시간을 투자하고 있다. 이는 청년들의 취업 준비 기간을 길어지게 만들고 실업 상태를 오래 지속되게 한다.

이러한 취업난 문제는 청년들 사이에서 치열한 경쟁을 하게 만든다. 이 과정에서 청년들은 많은 스트레스를 받는다고 한다. 이와 같은 문제를 해결하기 위해서는 한국의 교육 시스템이 변화에 발맞추고 정부에서도 더욱 적극적인 노력을 기울여야 할 것이다.

1 그래프를 보고 질문에 답하세요.

① 어느 나라의 청년들이 가장 많이 대학을 졸업했습니까?
② 대졸자의 취업률이 가장 높은 나라는 어디입니까?
③ 한국이 높은 순위를 차지한 항목은 무엇입니까?
④ 한국이 낮은 순위를 차지한 항목은 무엇입니까?

2 맞는 것에 ◯, 틀린 것에 ✕ 하세요.

① 현재 한국의 청년 실업 문제는 심각하다. (   )
② 미국의 교육 시스템에는 다양한 체험 활동들로 구성되어 있다. (   )
③ 한국의 교육은 실제 노동 시장에서 필요로 하는 능력을 가르친다. (   )
④ 대부분 대학을 졸업한 후 바로 취업을 한다. (   )
⑤ 취업난 문제를 해결하기 위해서는 정부의 노력도 필요하다. (   )

3 한국의 청년들의 취업이 어려운 가장 큰 이유는 무엇이라고 했습니까?

①
②

4 여러분 나라에서 어떤 취업 문제가 있습니까?

연습 2 다음 질문에 대해 생각하고 223페이지에 글을 쓰세요.

- 여러분 나라의 취업률은 어떻습니까?
- 여러분 나라에서는 어떤 직업이 인기 있습니까?
- 여러분 나라에서는 청년들이 취업을 위해 어떤 노력을 합니까?

한국 이야기

영상을 보고 한국 회사에서 일하는 것에 대해 더 알아보세요!

한국 회사의 인턴 프로그램

인턴은 고용의 한 형태로 주로 짧은 기간 동안 회사에서 일을 하게 되는 사람을 말해요. 예전에는 '견습생', '견습사원'이라는 말을 쓰기도 했었어요. 인턴은 정규직으로 전환될 가능성을 두고 채용한다는 점과 회사에 정식으로 소속된다는 점에서 아르바이트와는 차이가 있습니다. 근로계약서도 정식으로 작성하고, 계약직의 성격을 띠기도 해요. 한국에서 무급 인턴 계약은 불법이에요. 임금은 대부분 낮은 편이지만, 정규직 전환을 전제로 채용하고 신입 사원 초봉의 70%에서 100%에 해당하는 임금을 지급하는 곳도 있어요.

인턴은 직장생활 체험을 통해, 해당 업계가 자신에게 맞는지 판단할 수 있고 학교에서는 가르쳐주지 않는 조직에서의 처신, 태도, 눈치 및 비즈니스 메일 보내는 방법 등을 직접 배울 수 있어 취직을 앞둔 사람들에게 인기가 많아요.

인턴 기간 동안 좋은 평가를 받은 뒤 해당 기업에 지원하면 취업이 되는 경우가 많으므로 4학년 1학기에 자신이 원하는 기업의 인턴에 지원해 보는 것이 좋아요.

SCAN FOR AUDIO

주요 표현
저는 한국에 살면서 좋았던 기억이 많아요.

문법
- 형 동 -았/었/했던
- 동 -고는(곤) 하다/했다
- 동 -ㄴ/은/는 김에

한국 이야기
전통 한국 과자의 재탄생

어휘 및 표현

[추억과 기억]

추억

기억

기억/추억을 떠올리다

기억/추억이 떠오르다

기억이 나다	기억에 남다	추억으로 남다
똑똑히/분명히 기억하다	기억이 오래 남다	가슴속에 간직하다
세월/시간이 빠르다	사이가 점점 멀어지다	낯이 익다	낯설다
후회하다/되다	후회스럽다	또렷하다	생생하다
갑갑하다	흥미롭다	귀중하다	사라지다

[기타]

실연	간직하다	향수병	학창 시절	근교
도시락	카네이션	찌뿌둥하다	귀국하다	송별회
단골	열풍	중년층	골동품	겨냥하다

연습 1 문장을 완성하세요.

> 떠오르다   낯설다   사라지다   또렷하다

1 가: 민아 씨는 어릴 때 기억을 잘하는 편이에요?
   나: 네, 저는 5살 때 기억도 _____ (-아/어/해요)

2 가: 저 사람은 아는 사람이에요?
   나: 분명 어디에서 만난 것 같은데 아무리 생각해 봐도 _____
   (-지 않다 + -네요)

3 가: 이 동네에 이사 온 지 일주일밖에 안 되었어요.
   나: 그럼 아직 모든 것이 _____ (-겠- + -네요)

4 가: 실연의 아픔이 아직도 너무 커요.
   나: 시간이 지나면 슬픔도 _____. 힘내세요. (-ㄹ/을 거예요)

연습 2 문장을 완성하세요.

> 기억   후회   세월   추억

저는 어릴 때 방학마다 할머니 집에 갔어요. 그때의 기억이 아직도 생생하게 나요.

할머니는 항상 맛있는 음식을 많이 만들어 주셨어요. **1** _____ 이/가 정말 빨라요. 벌써 20년이나 지났어요. 성인이 된 후에 할머니 집에 자주 안 간 것이 너무 **2** _____ 이/가 돼요. 지금은 할머니가 돌아가셨지만 할머니와의 귀중한 **3** _____ 을/를 오래 가슴속에 간직하고 싶어요. 사는 게 바빠서 **4** _____ 이/가 점점 사라지는 것이 가슴 아파요.

연습 3 친구와 묻고 답하세요.

1 고향을 떠나 살면서 향수병을 느낀 적이 있습니까? 언제 가장 고향이 그립습니까?
2 오랜 시간이 지났는데도 아직까지 생생하게 기억하고 있는 일이 있습니까?
3 살면서 가장 후회스러운 일은 무엇입니까?
4 어릴 때는 친했는데 특별한 이유 없이 점점 멀어진 친구가 있습니까? 그 친구를 다시 만나고 싶은 마음이 있습니까?
5 언제 갑갑한 느낌이 듭니까? 갑갑한 느낌이 드는 상황을 이야기해 보세요.

문법 ① 형 동 -았/었/했던

가: 지난번에 소개팅에서 만났던 사람을 우연히 만났어요.
나: 어머, 신기하네요.

이것은 지난 학기에 배웠던 문법인데 기억이 안 나요.

가: 이 모자 특이하네요. 어디에서 샀어요?
나: 작년에 이집트 여행할 때 샀던 거예요.

작년 생일에 남자 친구가 만들어 줬던 케이크가 맛있어서 잊을 수 없어요.

-았/었/했던은 과거에 끝난 일에 사용합니다. 과거의 행동이 완전히 끝나서 지금은 더이상 하지 않는 경우에 사용합니다.

연습 1 문장을 완성하세요.

1. 우리가 처음 _____ 날, 기억해요? (만나다)
2. 예전 집은 창문이 작아서 _____ 기억이 나네요. (갑갑하다)
3. 저기가 제가 한국에 처음 왔을 때 3개월 동안 아르바이트 _____ 가게예요.
   (하다)
4. 오늘은 지난 시간에 _____ 내용을 다시 복습할 거예요. (배우다)
5. 지난달에 면접을 _____ 회사에서 지금 연락이 왔어요. (보다)

연습 2 문장을 완성하세요.

1. 가: 무슨 일이에요? 왜 다시 돌아왔어요?
   나: 제가 아까 _____ 시험지에 이름을 안 썼어요. (제출하다)

2. 가: 초등학교 때 우리 반에서 가장 키가 _____ 민수가 지금은 나보다 작아. (크다)
   나: 와, 너는 어릴 때보다 키가 많이 컸구나.

3. 가: 뭘 그렇게 찾고 있어요?
   나: 제가 _____ 자켓이 안 보이네요. (입고 오다)

4. 가: 지금까지 _____ 곳 중에서 어디가 가장 좋았어요? (가 보다)
   나: 스위스요. 자연이 정말 멋있었어요.

5. 가: 지난주에 _____ 카드를 잃어버려서 다시 신청하려고요.
              (발급받다)
   나: 그러시군요. 여기 신청서를 작성해 주세요.

연습 3 문장을 완성하세요.

1
가: 이 사람은 누구예요?
나: 옛날에 어학당에 같이 _____ 친구예요.

2
가: 이건 언제 찍은 사진이에요?
나: 고등학교 졸업할 때 _____ 사진이에요.

3
가: 유진 씨는 학창 시절에 어땠어요?
나: 친구들과 놀러 _____ 기억 밖에 없어요.

4
가: 한국 음식 중에 순대도 먹어 봤어요?
나: 네, 그런데 순대는 유일하게 제 입맛에 안 _____ 음식이에요.

★ 도와줘요, 알렉스!
-던 vs -았/었/했던
-던은 과거에 반복적으로 이루어지던 행위나 완료되지 않은 일에 사용합니다.
-았/었/했던은 과거에 완료된 일에 사용합니다.

연습 4 맞는 것에 ○ 하세요.

문법연습 동-던, 동-았/었/했던

이 신발은 제가 아기 때 신던 거예요.

이 구두는 제 결혼식 때 신었던 거예요.

1 어제 옷을 정리하다가 제가 (아끼던 / 아꼈던) 옷을 찾았어요.

2 아버지가 (타시던 / 타셨던) 자동차를 물려받았어요.

3 지난 회식 때 (먹던 / 먹었던) 고기가 정말 맛있었어요.

4 어제까지 잘 (사용하던 / 사용했던) 휴대폰이 갑자기 고장 났어요.

5 어제 지훈 씨가 노래방에서 (부르던 / 불렀던) 노래 제목이 뭐예요?

문법 ② 동-고는(곤) 하다/했다

가: 요즘 자주 고향 생각이 나고는 해요.
나: 혹시 향수병 아닐까요?

가: 책을 자주 읽으세요?
나: 전에는 자주 읽고는 했는데 요즘엔 시간이 없어서 잘 못 읽어요.

옛날 노래를 들으면 그때 추억이 떠오르고는 해요.

어릴 때 방학마다 할머니 댁에 가곤 했어요.

감기에 걸렸을 때 어머니께서 레몬차를 만들어 주시곤 했어요.

-고는 하다/했다는 어떤 일이나 상황이 반복적으로 자주 일어날 때 사용합니다. **-고는 했다**는 과거에 반복적으로 일어난 일에 대해 사용합니다. **-고는**은 **-곤**으로 줄여 사용할 수 있습니다.

연습 1 문장을 완성하세요.

1 가: 가족이 보고 싶을 때 어떻게 해요?
　 나: 가족 사진을 ＿＿＿＿＿＿＿＿＿＿ (-아/어/해요)

2 가: 한국 사람들은 생일 때 미역국을 ＿＿＿＿＿＿＿＿＿. 사나 씨 나라에서는 뭘 먹어요? (-아/어/해요)
　 나: 음, 우리 나라에는 한국처럼 특별히 먹는 음식이 없어요.

3 가: 윤아 씨는 스트레스가 쌓일 때 어떻게 하세요?
　 나: 근교로 나가서 바람을 ＿＿＿＿＿＿＿＿＿＿ (-아/어/해요)

4 가: 요즘에는 그 카페에 안 가세요?
　 나: 네, 이사하기 전에는 가까워서 자주 ＿＿＿＿＿＿＿＿＿. 이사한 후로 잘 안 가게 돼요. (-아/어/해요)

5 가: 운동을 하기 전과 한 후에 달라진 것이 있나요?
　 나: 운동 안 할 때는 피곤해서 아침에 못 ＿＿＿＿＿＿＿＿＿ 요즘엔 항상 일찍 일어나요. (-는데)

연습 2 질문에 답하세요.

1 우울할 때는 뭐 합니까?

2 특별한 일이 없는 주말에는 뭐 합니까?

3 전에는 자주 했는데 지금은 안 하는 것이 있습니까?

4 요즘 즐겨 보는 방송 프로그램이 있습니까?

 ❸ 동-ㄴ/은/는 김에

가: 음식이 왜 이렇게 많아요?
나: 제 도시락을 싸는 김에 다른 사람들 것도 쌌어요.

가: 요즘 운동 안 한 지 오래되었네.
나: 그럼 말 나온 김에 농구나 하러 갈래?

부산에 가는 김에 경주에도 들르면 어때요?

여기까지 온 김에 쇼핑이나 하고 가자.

미용실에 가서 머리를 자르는 김에 염색도 했어요.

-ㄴ/은/는 김에는 어떠한 일을 하는 기회에 다른 일도 함께 한다는 의미를 나타냅니다. 어떠한 일을 하려고 하거나 진행 중인 경우에는 현재형 -는 김에로 쓰고, 완료된 경우에는 -ㄴ/은 김에를 사용합니다.

연습 1 문장을 완성하세요.

1 가: 지금 라면 끓일 거야? 네 것 _____ 내 것도 부탁해. (끓이다)
   나: 그래, 다음엔 네가 끓여라.

2 가: 지민 씨, 출장 가신다고 들었어요.
   나: 네, 부산에 출장 _____ 거기에 사는 친구도 만나고 오려고요. (가다)

3 가: 올해부터는 정말 건강해지도록 노력할 거야.
   나: 그래, 잘 생각했어. _____ 담배도 끊어 봐. (마음먹다)

4 가: 어머, 그러고 보니 내일이 어버이날이네요.
   나: 그러네요. _____ 카네이션 사러 갈래요? (생각나다)

연습 2 맞는 것에 ○ 하세요.

1 가: 그 옷 예쁘네요. 새로 산 거예요?
   나: 네, 어제 친구 만나러 명동에 (가는 김에 / 간 김에) 새로 하나 샀어요.

2 가: 책상 위에 커피를 흘렸는데 좀 닦아 주실래요?
   나: 네, 책상을 (닦는 김에 / 닦은 김에) 의자도 닦아 드릴게요.

3 가: 저 바람 쐬러 잠깐 나가려고 하는데 필요한 거 있어요?
   나: 그럼 (나가는 김에 / 나간 김에) 커피 좀 사다 주세요.

4 가: 갑자기 왜 일어났어?
   나: 오래 앉아 있어서 온몸이 찌뿌둥하네. 스트레칭 좀 하려고.
   가: 그럼 (일어나는 김에 / 일어난 김에) 창문 좀 닫아 줄래?

대화문

지훈: 사나 씨, 제 독일 친구 루카 알죠? 루카가 다음 주에 귀국하게 되어서 주말에 송별회를 하기로 했어요. 시간이 있으면 사나 씨도 오세요.

사나: 네, 루카 씨 잘 알죠. 같이 어학당에 다**녔던** 친구예요. 근데 루카 씨가 아예 고향으로 돌아가요?

지훈: 네, 한국 생활을 정리하고 고향으로 가서 취직할 거래요. 한국에서 살면서 향수병 때문에 힘들었던 것 같아요.

사나: 저도 루카 씨가 향수병 때문에 힘들다고 **했던** 게 생각나네요. 어학당 수업 끝나고 매일 같이 밥을 먹으면서 이야기하**곤 했어요.** 루카 씨가 한국을 떠난다고 하니까 조금 슬퍼지려고 하네요.

지훈: 그럼 루카 씨 송별회 하**는 김에** 편지나 선물도 준비해서 줄까요?

사나: 좋죠. 루카 씨에게 좋은 추억으로 남을 것 같아요. 한국에서의 추억이 기억에 오래 남았으면 좋겠어요.

지훈: 네, 한국을 자주 떠올릴 수 있는 선물을 고르러 가요.

연습 1 대화문에 대해 답하세요.

1. 사나는 루카를 어떻게 압니까?

2. 루카는 사나에게 무엇이 힘들다고 했습니까?

3. 지훈과 사나는 왜 편지나 선물을 준비합니까?

연습 2 여러분에 대해 답하세요.

1. 향수병 때문에 힘들었던 적이 있습니까?

2. 향수병 때문에 힘든 친구를 어떻게 도와줄 수 있을까요?

연습 1 어떤 일을 하면서 함께하고 싶은 것이나 할 수 있는 것을 친구와 묻고 답하세요.

보기
가: 한국에서 유학하면서 하고 싶은 것이 있나요?
나: _____는 김에
   _____.

질문	대답
1 한국에서 유학을 하는 김에 하고 싶은 것	여행, 한국 요리 배우기, _____
2 이사하는 김에 할 수 있는 일	가전이나 가구 바꾸기, _____
3 고향에 가는 김에 하고 싶은 것	
4	

연습 2 옛날에 자주 한 것과 요즘 자주 하는 일에 대해서 친구와 묻고 답하세요.

보기
가: _____ 씨는 ____어릴 때__ 한 일 중 기억에 남는 것이 뭐예요?
나: _저는 오빠와 자주 싸우_ 곤 했어요. / 곤 해요.

어릴 때	중, 고등학교 때	지금
-곤 했어요.	-곤 했어요.	-곤 해요.

연습 3 여러분은 지금 향수병에 걸려서 힘들어하고 있나요? 테스트를 해 보고 친구와 이야기해 보세요.

내용	나	친구
1 이유 없이 우울할 때가 있다.		
2 자주 외롭다는 생각을 한다.		
3 혼자 있는 시간을 좋아하지 않는다.		
4 하루에 한 번 이상 고향 생각을 한다.		
5 국적이 같은 친구하고만 어울린다.		
6 새로운 친구를 사귀는 것이 힘들고 어렵다.		
7 지금 살고 있는 집이나 환경에 만족하지 못한다.		
8 새로운 것(운동, 취미 등)을 시도하는 것이 두렵다.		
9 고향에 돌아가면 무엇을 먹고 무엇을 할지 자주 생각한다.		
합계	(/9)	(/9)

7개 이상: 심각한 향수병이시군요. 가까운 주위 사람과 감정에 대해 이야기하고 친구들과 시간을 보내는 게 좋겠습니다.

5개 이상: 고향이 많이 그리우시군요. 취미를 만들어 보는 것이 어떨까요? 우울한 감정이나 부정적인 감정을 잠시 잊을 수 있도록 취미 활동을 해 보세요.

3개 이하: 외국 생활에 정말 잘 맞는군요. 지금처럼 외국 생활을 잘 즐기세요.

연습 4 친구와 묻고 답하세요.

1 향수병이 심하게 걸렸을 때 어떻게 하면 좋을까요?

2 외국 생활에 잘 적응하기 위한 좋은 방법이 있을까요?

3 한국에서 가장 힘들었던 적은 언제입니까?

4 지금까지 살면서 가장 아팠던 적은 언제입니까?

5 한국에서 행복했던 기억, 즐거웠던 기억은 무엇입니까?

듣기

연습 1 강연을 듣고 답하세요.

1 무엇에 대해서 이야기하고 있습니까?

① 향수병을 극복하는 방법
② 향수병에 걸렸을 때 먹으면 좋은 약
③ 고향 음식을 파는 식당을 찾는 방법
④ 고향에 돌아갈 방법

2 향수병에 도움이 되는 방법 중 틀린 것에 ○ 하세요.

① 고향 음식을 파는 식당에 간다.
② 같은 국적의 친구들과만 어울린다.
③ 고향 생각을 오래 하지 않고 빨리 극복해야 한다.
④ 동호회 활동을 하거나 무언가를 배워 본다.

3 여자가 말한 향수병을 극복하는 방법 세 가지는 무엇입니까?

연습 2 대화를 듣고 답하세요.

1 여자는 최근에 왜 우울했습니까?

① 고향이 그리워서
② 친구가 그리워서
③ 강연의 내용이 슬퍼서
④ 친구들과 여행 못 해서

2 여자의 생각으로 맞는 것에 ○ 하세요.

① 고향 생각을 더 자주 해야겠다.
② 향수병도 추억이 되니까 소중히 간직해야겠다.
③ 우울해하지 말고 지금 이 순간을 소중한 추억으로 만들어야겠다.
④ 같은 나라 친구들과 파티를 하면서 향수병을 극복해야겠다.

연습 1 글을 읽고 질문에 답하세요.

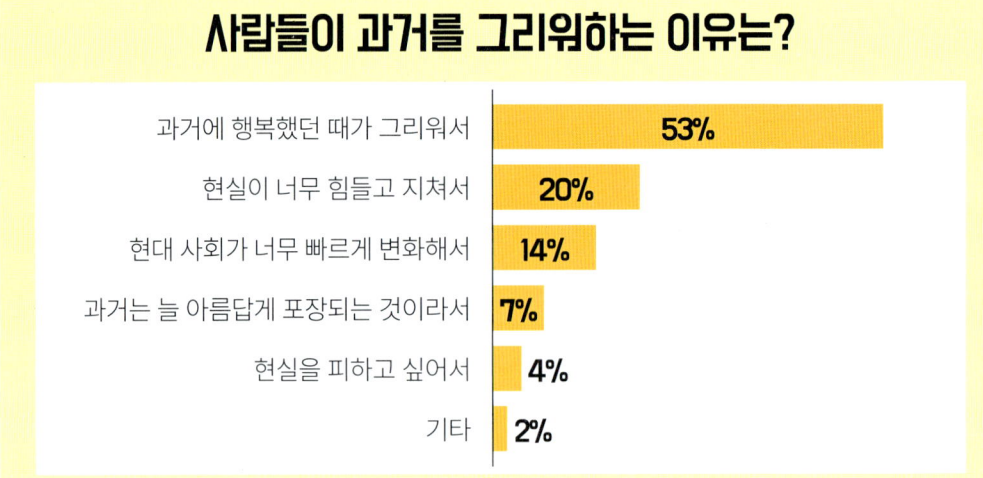

왜 우리는 옛날에 끌리는 걸까? '복고' 트렌드는 사라지지 않고 몇 년째 사람들의 관심을 끌고 있다. 최근 전국의 19~59세 성인 남녀 2,000명을 대상으로 '사람들이 과거를 그리워하는 이유'에 대해 설문조사를 했다.

사람들이 과거를 그리워하는 이유 1위로는 '과거에 행복했던 때가 그리워서'가 53%로 가장 많았다. 그다음으로 '현실이 너무 힘들고 지쳐서'가 20%로 2위, '현대 사회가 너무 빠르게 변화해서'가 14%로 3위를 차지했다. 다음으로 '과거는 늘 아름답게 포장되는 것이라서', '현실을 피하고 싶어서' 순으로 나타났다.

많은 사람들이 과거에 행복했던 때를 그리워하고 있다. 우리는 옛날에 부르던 노래, 옛날에 유행했던 디자인들을 보면 그리웠던 추억을 떠올리게 된다. 이러한 과거의 것들을 보면서 힘든 현실을 잠시라도 잊을 수 있기 때문일지도 모른다. 또 대부분의 사람들은 현재보다 과거를 아름다웠던 기억으로 생각하는 경향이 있다고 한다.

1 맞는 것에 ◯, 틀린 것에 ✕ 하세요.

① 이 설문 조사는 몇 년 전에 진행되었다. ( )
② 과거 때문에 힘들어하는 사람들이 많은 것으로 나타났다. ( )
③ 현재에 만족하지 못하고 힘들어하는 사람이 많이 있다. ( )
④ 과거에 실제로 행복하지 않았지만 행복했다고 착각할 수 있다. ( )

2 여러분은 사람들이 왜 과거를 그리워한다고 생각합니까?

연습 2 글을 읽고 질문에 답하세요.

여러분은 옛날 느낌의 인테리어를 한 카페나 음식점을 본 적이 있나요? 1970~80년대 학교 앞 분식집에서 사용했던 플라스틱 접시를 사용하는 식당이나 오래된 골동품으로 꾸민 카페가 눈길을 끌고 있습니다. 그뿐만 아니라 20~30년 전에 출시되었던 과자와 음료수도 처음 보는 세대들에게는 낯설지만 새롭게 다가오면서 인기를 얻고 있습니다. 젊은 세대들은 이런 옛날의 것을 이색적인 것으로 느끼는 것입니다. '유행은 돌고 돈다'는 말이 있습니다. 과거에 유행했던 디자인이 수십 년 뒤에 다시 유행하는 것을 보면 알 수 있습니다.

몇 년 전부터 복고 열풍이 계속되고 있습니다. 복고는 중년층에게는 익숙한 옛날 제품들로 추억의 향수에 빠지게 하고, 신세대에게는 신선함과 재미를 느끼게 합니다. 복고가 유행하면서 '뉴트로(New-tro)'라는 말도 자주 등장하고 있습니다. '복고(Retro)'가 과거를 그리워하며 옛날에 유행했던 것을 다시 꺼내 그 향수를 느끼는 것이라면, '뉴트로'는 새로움(New)과 복고(Retro)를 합친 신조어로 복고를 새롭게 즐기는 것을 말합니다. 즉, 과거의 것이지만 이를 즐기는 세대에게는 모두 새롭게 다가옵니다.

복고가 인기를 끌면서 여러 식품 회사에서 뉴트로를 적용하고 있습니다. 옛날에 출시했던 제품들을 다시 부활시켜, 촌스럽지 않고 요즘 취향에 맞게 새롭게 출시하고 있습니다. 젊은 세대를 겨냥한 상품을 내놓고 있는 것이지요. 이러한 뉴트로 제품들은 소비자들의 반응이 뜨겁기 때문에 앞으로도 뉴트로 열풍은 쉽게 사라지지 않을 것으로 보입니다.

1 맞는 것에 ○ 하세요.

① '복고'라는 말은 신조어이다.
② 젊은 세대들은 옛날 물건을 보고 추억의 향수에 빠진다.
③ 옛날에 인기 있었던 카페나 음식점들이 다시 문을 열기 시작했다.
④ 식품 회사에서는 젊은 세대들을 위한 상품을 새롭게 출시한다.

2 질문에 답하세요.

① 신세대에게 복고가 인기 있는 이유가 무엇입니까?
② 중년층에게 복고가 인기 있는 이유가 무엇입니까?

연습 3 다음 질문에 대해 생각하고 223페이지에 쓰세요.

- 여러분은 외국에서 살아 본 적이 있습니까? 그때 어땠습니까?
- 외국에서 살 때 고향이 그리워서 힘들었던 기억이 있습니까?
- 외국 생활과 관련해서 어떤 좋은 추억이 있습니까?

한국 이야기

영상을 보고 한국 옛 과자에 대해 더 알아보세요!

전통 한국 과자의 재탄생

요즘 한국에서는 모든 옛것이 다시 인기를 얻고 있어요. 과자의 레트로 포장이 인기를 끌고 있으며, 서양의 유명한 노래를 리메이크하거나 샘플링한 곡들이 K-pop에 등장하고, 패션도 90년대로 회귀하고 있어요. 또 다른 트렌드는 조선시대에 흔했던 인기 있는 전통 과자의 새로운 변신이에요.

약과가 그중 하나예요. 약과는 꿀, 밀가루, 술, 참기름, 계피를 주재료로 한 달콤한 간식입니다. 전통적으로 잔치, 명절, 환갑, 제사, 상례, 혼례 등 특별한 날을 위해 만들었어요. 1900년대 중반에 상업적으로 제조될 수 있게 되어 쉽게 구할 수 있게 되었지만, 이로 인해 특별함이 사라졌어요. 지난 몇십 년 동안 이 과자의 인기는 거의 다 없어졌으나, 최근에 새로운 모습으로 다시 인기를 얻고 있어요: 약과쿠키! 전통 약과를 부드러운 설탕 쿠키 반죽에 넣어 오븐에 구운 것이에요. 이 새로운 창작물을 백화점과 편의점 등 많은 곳에서 찾을 수 있어요. 다음에 한국에 가시면 꼭 찾아보세요.

03

SCAN FOR AUDIO

주요 표현
처음에는 좀 어려웠는데 하다 보니 쉽더라고요.

문법
형 동 -더라고(요), 명 (이)더라고(요)
동 -았/었/했더니
명 을/를 비롯하여/해(서)/한

한국 이야기
분리배출하는 방법

어휘 및 표현

[재활용, 분리수거 방법]

종이	유리	캔류	페트	비닐류
책 신문 공책	음료수병 주스병 맥주병	참치 통조림 과일 통조림	물병 음료수병 일회용용기	비닐봉지 과자봉지 라면봉지 비닐장갑

| 헌 옷 수거함/의류 수거함 | 종량제 봉투/쓰레기봉투 | 이면지 |

[쓰레기 버리기]

어지르다	엉망이다	쾌적하다	마르다/말리다
분리하다	배출하다	매립하다	소각하다
나누다	헹구다	비우다	오염되다
해당되다	녹다/녹이다	묻다	담다
접다	떼다	거부하다	젖다
수거하다	쓰레기를 내놓다	처리하다	이물질이 묻다
피해를 끼치다	과태료가 나오다	딱지가 붙다	부피를 줄이다

연습 1 알맞은 것을 연결하세요.

1 유리	① 과자, 라면봉지	ⓐ	속을 비우고 헹궈서 버립니다. 통조림 종류는 손을 다치지 않게 주의하세요.
2 캔	② 음료 캔, 과일/참치 통조림	ⓑ	깨지지 않도록 조심하세요.
3 종이	③ 물병, 음료수병	ⓒ	부피가 큰 것은 접어서 버리고 물에 젖지 않도록 하세요.
4 플라스틱	④ 박스, 책, 공책, 신문	ⓓ	투명 페트병과 색깔이 들어간 페트병을 분리하세요.
5 비닐	⑤ 꽃병, 유리컵	ⓔ	오염되거나 이물질이 묻은 것은 재활용이 불가능합니다.

연습 2 문장을 완성하세요.

> 떼다   녹이다   담다   어지르다

1 가: 와, 새로 산 가방이에요? 디자인이 특이하네요.
   나: 네, 이건 플라스틱을 _____ 만든 리사이클 가방이에요. (-아/어/해서)

2 가: 페트병을 다시 사용할 수 있는 좋은 방법이 있을까요?
   나: 저는 다 쓴 페트병에 쌀을 _____ (-아/어/해 둬요)

3 가: 음료수병이 참 예쁘네요.
   나: 네, 그래서 라벨을 _____ 꽃병으로 사용하려고요. (-고)

4 가: 주변에 아이 키우는 엄마들을 보면 거의 하루 종일 청소하는 것 같아요.
   나: 네, 아무리 치워도 다시 _____ (-(으)니까요.)

[어휘 마인드맵]

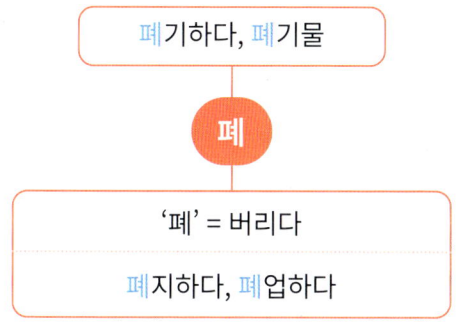

문법 ① 형 동 -더라고(요), 명 (이)더라고(요)

가: 한국 음식을 먹어 보니 어땠어요?
나: 생각보다 안 맵고 맛있더라고요.

가: 그 옷이 마음에 든다고 했잖아요. 왜 안 샀어요?
나: 입어 보니까 저한테 안 어울리더라고요.

그 음식을 먹어 보니 제 입맛에 딱 맞더라고요.

너무 일찍 도착하니까 문을 안 열었더라고요.

암벽 등반이라는 운동을 해 봤는데 쉽지 않더라고요.

-더라고(요), (이)더라고(요)는 과거에 듣거나 보거나 경험해서 알게 된 사실에 대해 지금 상대방에게 전할 때 사용합니다. 주어에 1인칭이 올 수 없고 완료의 경우에는 **-았/었/했더라고(요)**를 사용합니다. 들어서 알게 된 내용을 전달할 때는 **-다고 하더라고(요)**로 사용할 수 있습니다.

연습 1 문장을 완성하세요.

1. 태국에는 망고가 정말 _____ (싸다)
2. 알고 보니 그 가수는 베트남에서 _____ (유명하다)
3. 주아는 추위를 많이 _____ (타다)
4. 어제 윤재를 만났는데 머리를 _____ (염색했다)
5. 얼마 전에 고향 친구가 생일 선물을 _____ (보냈다)

연습 2 문장을 완성하세요.

1. 가: 지난주에 수민 씨 남자 친구를 봤다고 했죠?
   나: 네, 키가 정말 _____ (크다)

2. 가: 어제 새로 생긴 찜질방에 갔죠? 어땠어요?
   나: 넓고 깨끗해서 _____ (쾌적하다)

3. 가: 왜 창문을 닫았어요?
   나: 오늘 미세먼지가 심해서 공기가 안 _____ (좋다)

4. 가: 옷이 왜 그렇게 젖었어요?
   나: 집에 오는데 비가 갑자기 많이 _____ (내리다)

5. 가: 빵 사러 갔잖아요. 왜 그냥 돌아와요?
   나: 제가 사려고 했던 빵은 이미 다 _____ (팔렸다)

연습 3 문장을 완성하세요.

> 수거해 가지 않다   내리다   버렸다   주차 딱지 붙었다

1. 쓰레기를 분리해서 버리지 않으니까 _____

2. 여행 왔나 봐요. 외국인들이 차에서 _____

3. 폐기물 신고 스티커를 안 붙이고 _____

4. 잠깐 빵집에 다녀온 사이에 _____

연습 4 문장을 만드세요.

1. **쓰레기는 수거한 후 매립하거나 소각해요.**
   _____ 하더라고요.

2. **우리 나라에서는 물보다 기름이 더 싸요.**
   그 나라에서 _____

3. **지난달에 수지 씨 고향에서는 큰 홍수가 났어요.**
   _____

4. **그 두 사람은 이미 헤어졌어요.**
   _____

문법 ② 동-았/었/했더니

가: 어제 아팠다고 들었어요. 좀 괜찮아요?
나: 네, 하루 푹 쉬었더니 회복됐어요.

너무 일찍 도착했더니 아무도 없더라고요.

가: 좋은 일이 있어요?
나: 페트병을 모두 헹궈서 버렸더니 경비 아저씨께서 칭찬해 주셨어요.

약을 먹고 잤더니 다음날 바로 나았어요.

-았/었/했더니는 과거에 행한 일이 원인이 되어 어떤 결과가 생겼을 때나 어떤 행위 이후에 새롭게 발견한 사실에 대해서 사용합니다. 앞에 나온 주어는 1인칭이며 자신의 상황에 대해 이야기합니다.

연습 1 문장을 완성하세요.

1. 가: 민아 씨, 안색이 안 좋아요. 어디 아프세요?
   나: 어제 잠을 좀 못 _____ 피곤하네요. (자다)

2. 가: 그 옷을 버리려고요?
   나: 네, 저렴한 걸로 _____ 품질이 너무 안 좋아서요. (사다)

3. 가: 웬★ 케이크예요?
   나: 친구 과제를 _____ 고맙다고 케이크를 사 주더라고요. (도와주다)

4. 가: 수민 씨, 요즘 살이 좀 빠진 것 것 같아요.
   나: 그래요? 요즘 교통비를 아끼려고 _____ 살이 빠졌나 봐요.
   (걸어 다니다)

★ 도와줘요, 알렉스!
웬 = '어떤 이유로'란 의미입니다.

연습 2 문장을 완성하세요.

| 하다 | 접다 | 치우다 | 말리다 |

오늘은 대청소를 하는 날이다. 며칠 동안 청소를 안 1 _____ 집이 엉망이었다. 버릴 쓰레기가 많이 쌓여 있었다. 먼저 플라스틱병과 유리병은 모두 비우고 헹궜다. 오염된 비닐은 재활용이 안 된다고 해서 종량제 봉투에 넣었다. 그리고 박스 등 종이 쓰레기는 너무 부피가 커서 2 _____ 반으로 줄어들었다. 스티로폼은 오염되어서 깨끗이 씻어서 햇볕에 3 _____ 깨끗해졌다. 쓰레기를 모두 분리해서 버리고 4 _____ 기분이 좋아졌다.

문법 ③ 명을/를 비롯하여/해(서)/한

가: 여기에는 뭘 버려야 하나요?
나: 음료 페트병을 비롯하여 샴푸 통 등 플라스틱으로 만들어진 것만 버리세요.

가: 오늘 금식을 해야 합니까?
나: 네, 내일 오전 9시 수술이니까 물을 비롯한 어떤 음식도 드시면 안 됩니다.

서울에는 경복궁을 비롯하여 모두 5개의 궁이 있다.

다음 달부터 전기세를 비롯한 여러 공과금들이 오를 예정이다.

생일날에는 미역국을 비롯해서 불고기, 생선 구이 등 여러 음식을 준비한다.

을/를 비롯하여/해(서)/한은 앞에 오는 명사를 대표로 하여 해당되는 여러 가지 항목을 열거할 때 사용합니다. 비롯하여, 비롯해서 형태로 사용할 수 있습니다.

연습 1 문장을 완성하세요.

1. 가: 분리수거가 불가능한 것은 무엇이에요?
   나: _____ 오염된 것들도 분리수거가 불가능해요. (생활 쓰레기)

2. 가: 한국의 주거 형태는 어떤 종류가 있나요?
   나: _____ 주택, 빌라, 오피스텔 등이 있어요. (아파트)

3. 가: 종이 쓰레기에 버릴 수 있는 것은 뭐예요?
   나: _____ 한 책, 우유팩 등 종이로 만들어진 것이 해당돼요. (박스)

4. 가: 환경 오염은 모두에게 피해를 끼치는 것 같아요.
   나: 맞아요. _____ 식물이나 자연 등에 피해를 끼쳐요. (동물)

5. 가: 시장에 가면 뭘 살 수 있어요?
   나: 신선한 _____ 과일이나 생선도 살 수 있어요. (야채)

연습 2 질문에 답하세요.

1. 세계적으로 유명한 회사에는 어떤 회사가 있습니까?
2. 외국 생활에서 어려운 것은 무엇입니까?
3. 여행을 갈 때 무엇을 준비해야 합니까?
4. 한국에는 어떤 유명한 음식이 있습니까?
5. 생일에는 어떤 음식을 준비합니까?

완: 켈리 씨, 어제 제가 버린 쓰레기에 '수거 거부'라는 스티커가 붙어 있더라고요. 무슨 의미예요?

켈리: 쓰레기를 분리해서 배출하지 않아서 수거를 거부한다는 의미예요. 뭘 버렸는데요?

완: 플라스틱을 버렸어요. 음료수 페트병을 비롯해서 일회용 숟가락이나 칫솔 등이요.

켈리: 플라스틱 음료수병은 재활용이 가능하지만 일회용 숟가락, 칫솔, 빨대처럼 작은 것들은 재활용이 불가능해요.

완: 그래요? 저는 플라스틱으로 만들어진 것은 모두 해당된다고 생각했어요.

켈리: 작은 플라스틱은 재활용이 불가능하다고 하더라고요. 저는 예전에 일반 쓰레기봉투에 음식물을 버렸더니 수거해 가지 않더라고요. 과태료가 나올 수 있으니 항상 신경을 쓰고 있어요.

완: 우리 나라에서는 한국처럼 철저히 분리수거를 하지 않아서 익숙해지지 않네요.

켈리: 저도 처음에는 잘 모르기도 하고 귀찮기도 했는데 하다 보니 익숙해지더라고요. 잘 모르겠으면 언제든지 저한테 물어보세요.

완: 고마워요, 켈리 씨.

연습 1 대화문에 대해 답하세요.

1. 수거 거부는 무슨 의미입니까?
2. 완이 버린 쓰레기는 왜 수거해 가지 않았습니까?
3. 플라스틱으로 버릴 수 있는 것은 무엇입니까?

연습 2 여러분에 대해 답하세요.

1. 여러분 나라에서는 어떻게 쓰레기를 버리고 있습니까?
2. 여러분은 분리수거를 할 때 어떤 어려움을 겪었습니까?

연습 1 친구와 묻고 답하세요.

보기
가: 한국 드라마를 많이 보세요?
나: 네, 한국 드라마를 많이 봤 더니 한국어 듣기 실력이 좋아졌어요.

원인	결과
1 한국 드라마를 많이 보다	
2 야근을 하다	
3 운동을 열심히 하다	
4 술을 많이 마시다	

연습 2 친구와 묻고 답하세요.

보기
Q 여러분의 나라에서 소개팅에 나간 적이 있나요? 해보기 전에 어땠나요? 안 해 봤다면 그것에 대해서 어떤 이야기를 들어 봤나요?

A 네, 소개팅 해 보니까 괜찮더라고요. 처음에는 어색하지만, 이야기를 나눌수록 좋은 분 같았어요. 또 할 것 같아요.

A 우리 나라에는 소개팅 문화가 없어요. 제 한국 친구들이 하는데 가끔 어색하더라고요. 그런데 궁금해서 한번 해보고 싶어요.

내용	경험 있다/없다
1 분리수거	
2 면접 보기	
3 부동산 계약하기	
4 (한국에서) 등산 가기	
5 동호회 가입하기	
6	
7	

연습 3 쓰레기 버리는 방법에 대해 친구와 묻고 답하세요.

질문	내 생각	친구의 생각
1 깨진 컵은 어떻게 버리는 것이 좋을까요?		
2 사용하지 않는 칼을 버릴 때는 어떻게 버려야 할까요?		
3 플라스틱은 어떻게 재활용되는 걸까요?		
4 종이를 아낄 수 있는 방법은 무엇이 있을까요?		
5 헌 옷, 헌 신발 등은 어떻게 버리면 될까요?		
6 일반 쓰레기봉투에 음식물 쓰레기를 버리면 안 되는 이유가 무엇일까요?		

연습 4 친구와 묻고 답하세요.

1. 여러분 나라에서는 어떻게 쓰레기를 버립니까?

2. 쓰레기를 분리해서 버릴 때 가장 어려운 점은 무엇입니까?

3. 여러분은 쓰레기를 줄이기 위해 어떤 노력을 하고 있습니까?

듣기

연습 1 인터뷰를 듣고 답하세요.

1 무엇에 대해서 이야기하고 있습니까?

　① 일반 쓰레기의 종류
　② 쓰레기 처리 과정
　③ 쓰레기의 매립과 소각
　④ 종량제 봉투의 종류

2 맞는 것에 ○, 틀린 것에 ✕ 하세요.

　① 일반 쓰레기는 지역마다 처리 방법이 다르다.　　(　　)
　② 음식물 쓰레기는 종량제 봉투에 넣어 버려야 한다.　(　　)
　③ 우리가 버린 쓰레기는 땅속에 묻거나 태운다.　　(　　)
　④ 플라스틱을 비롯한 재활용 쓰레기는 소각한다.　(　　)

3 알맞은 것을 연결하세요.

쓰레기 처리 과정		
쓰레기 종류	버리는 방법	수거한 후
① 일반 쓰레기	모두 분리해서 내놓아야 한다.	동물의 사료로 만들고 남은 것은 매립하거나 소각한다.
② 음식물 쓰레기	주민 센터에 신고한 후 집 앞에 내놓는다.	매립하거나 소각한다.
③ 재활용품	음식물 종량제 봉투에 넣거나 정해진 통에 넣는다.	주민 센터에서 수거해 간다.
④ 대형 폐기물	종량제 봉투에 넣는다.	다시 분류해서 재활용 업체에 판다.

4 음식물 쓰레기를 바로 매립하면 안 되는 이유는 무엇입니까?

5 재사용하기 어려운 재활용품은 어떤 것이 있습니까?

읽기와 쓰기

연습 1 쓰레기 분리수거 관련 안내문을 읽고 질문에 답하세요.

유형별 재활용 불가 폐품

OTHER 플라스틱

플라스틱은 재료에 따라 7가지로 분류되는데 그 중 OTHER라고 써 있는 것은 재활용 불가

비닐 붙은 플라스틱

상표나 비닐랩 또는 비닐이 붙어 있는 플라스틱

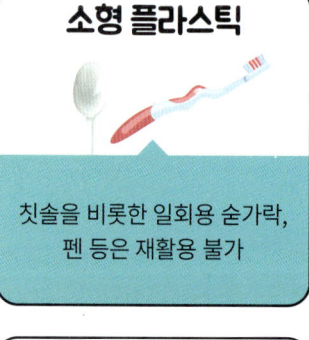

소형 플라스틱

칫솔을 비롯한 일회용 숟가락, 펜 등은 재활용 불가

PVC 원료 제품

음식 포장에 쓰이는 비닐랩은 재활용 불가

색소 입힌 플라스틱

색깔이 들어가 있는 플라스틱은 재활용 불가, 투명/색깔 없는 플라스틱만 재활용 가능

비닐 씌운 종이

종이컵이나 컵라면 용기에는 비닐이 붙어 있기 때문에 재활용 불가

음식 묻은 플라스틱

음식이 묻거나 오염된 플라스틱은 재활용 불가, 깨끗이 씻은 후 재활용 가능

1 맞는 것에 ○ 하세요.

① 재활용이 불가능한 플라스틱은 7가지로 분류된다.
② 작은 플라스틱이나 비닐이 붙어 있는 플라스틱은 재활용이 불가능하다.
③ 빨간색 샴푸 통은 재활용이 안 되지만 검은색 샴푸 통은 가능하다.
④ 라면을 비롯한 빨간색 양념이 묻은 것만 재활용이 불가능하다.

2 재활용이 가능한 플라스틱에는 어떤 것들이 있습니까?

연습 2 글을 읽고 질문에 답하세요.

버려진 페트병이 옷, 가방으로 재탄생: 페트병의 변신

최근 친환경 제품을 원하는 소비자가 많아짐에 따라 친환경 사업에 관심을 가지는 기업들도 늘고 있다. 특히, 우리가 쓰고 버린 투명 페트병으로 의류를 만들어서 판매하는 기업이 많아지고 있다고 한다. 페트병을 소재로 옷을 만드는 것은 꽤 흥미로운 일이다. 우리가 입는 옷에 자주 사용되는 '폴리에스테르'는 페트라는 원료로 만든 것이다. 이 페트를 실로 만들면 폴리에스테르 섬유가 만들어진다.

페트병이 섬유로 만들어지는 과정은 다음과 같다. 재활용 페트병을 수거한 후, 깨끗이 씻어 말리고 압축한다. 그런 다음 쌀알 크기로 작게 자른다. 이렇게 작게 자른 플라스틱에서 실을 뽑아내는 것이다. 투명 페트병만 실을 뽑아낼 수 있고 색깔이 들어가 있는 플라스틱병은 재활용이 불가능하다. 그렇기 때문에 플라스틱병을 버릴 때 투명 페트병을 구분해서 버리고 라벨이 붙어 있다면 떼어서 버리는 것이 좋다.

현재 플라스틱병은 의류나 가방, 신발 등으로 재활용이 되고 있다. 최근에는 재활용 페트병을 이용해 화장품이나 약에 쓰이는 원료를 추출하는 방법도 개발 중이라고 한다.

1 맞는 것에 ◯, 틀린 것에 ✗ 하세요.

① 친환경 제품을 구입하고 싶어 하는 사람이 많다. ( )
② 폴리에스테르 섬유는 투명 물병으로 만들 수 있다. ( )
③ 색깔이 들어간 병은 색깔을 뽑아낸 다음 재활용을 해야 한다. ( )
④ 플라스틱 페트병으로 옷을 만드는 기술은 이미 개발되어 있다. ( )

2 페트병이 섬유로 만들어지는 과정을 쓰세요.

연습 3 다음 질문에 대해 생각하고 224페이지에 글을 쓰세요.

- 우리가 버리는 쓰레기는 어떻게 처리하고 있습니까?
- 쓰레기가 계속 늘어나면 우리는 어떻게 됩니까?
- 쓰레기를 줄이기 위해 우리는 어떤 노력을 해야 할까요?

한국 이야기

영상을 보고 분리배출하는 방법에 대해 더 알아보세요!

분리배출하는 방법

한국에서는 쓰레기를 버릴 때 종류별로 분류해서 버리는데 이때 몇 가지 주의할 점이 있어요.

종이
종이류는 크게 신문지, 박스류, 일반 인쇄용지 및 전단지, 종이 팩, 종이컵 등으로 구분해요. 이 중 종이 팩은 꼭 따로 씻어서 버려야 해요.

유리
유리는 크게 재사용과 재활용으로 나뉘어요. 음료병이나 주류 병 등 재사용 대상 병은 병뚜껑을 제거한 뒤 내용물을 비우고 물로 깨끗이 씻어서 소매점에서 환불받거나 재활용품 버리는 곳에 내어놓으면 돼요.

캔
겉 또는 속에 있는 플라스틱 뚜껑 등은 제거한 후 내용물을 비우고 가능한 한 압착해서 내놓도록 해요. 알루미늄 캔과 철 캔을 구분해서 배출하는 것이 좋으나 여유가 없다면 그냥 모아서 배출해도 괜찮아요.

페트
페트병은 내부를 물로 깨끗이 씻은 뒤 압착해서 분리배출해야 해요. 페트는 일반 플라스틱과 분류해서 배출해야 하는 대표적인 품목인데, 페트는 재활용을 하기가 수월하기 때문이에요. 하지만 일반 플라스틱과 함께 배출하는 집이 많아서 수거업체에서 추가 분류 작업을 해야 하는 경우가 많으니 따로 분리해서 버리세요.

플라스틱
플라스틱은 내용물을 비운 뒤, 깨끗이 씻어서 다른 재질로 된 뚜껑, 포장지, 랩 등은 따로 제거하고 부착 상표도 제거한 뒤 가능한 한 압착하여 버리세요.

비닐
재활용 표시가 있는 비닐류는 큰 봉투 등에 따로 모아서 흩날리지 않도록 배출하고, 이물질이 묻어 있으면 물로 씻어내야 해요. 심각하게 오염된 비닐은 일반 쓰레기로 처리해 주세요.

04

주요 표현
단 음식을 많이 먹으면 당뇨병에 걸리기 십상이에요.

문법
형 동 -더니
동 -아/어/해 대다
동 -기 십상이다

한국 이야기
한국인에게 가장 빈번히 발생하는 질환

어휘 및 표현

[질병]

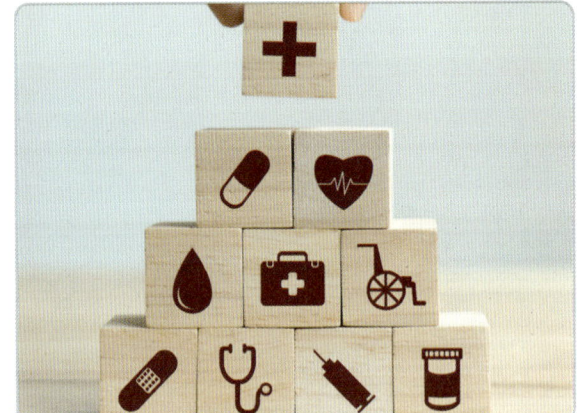

당뇨병 비만
성인병 폐암
우울증 위암
불면증 관절염
식중독 고혈압

[치료]

회복하다 예방하다
진찰하다 약을 처방하다
섭취하다 효과적이다
복용하다 개선하다

[기타]

조르다	자극적이다	부작용이 생기다	만성 피로
유발하다	결핍	혈액	갈증이 나다
거북목 증후군	통증	염증이 있다/없다	병에 걸리다
비타민	영양제	적당하다	처방전

연습 1 알맞은 것을 쓰세요.

> 우울증   식중독   불면증   비만   폐암

증상	질병
1 몸을 움직이기 힘들 정도로 살이 쪘어요.	
2 자려고 일찍 누워도 잠이 안 와요. 보통 새벽 4~5시쯤 자요.	
3 어제 먹은 음식이 상한 것 같아요. 배가 아프고 자꾸 토해요.	
4 담배를 많이 피우면 걸리는 병이에요.	
5 친구를 만나도 즐겁지 않아요. 아무것도 하고 싶지 않고 재미있는 게 없어요.	

연습 2 문장을 완성하세요.

> 적당하다   자극적이다   회복하다   예방하다

1 가: 감기는 어때? 좀 나았어?
    나: 응, 푹 쉬고 약을 잘 챙겨 먹어서 많이 _____

2 가: 선생님, 매운 음식을 먹어도 되나요?
    나: 당분간 _____ 음식은 피하셔야 합니다. (-ㄴ)

3 가: 새로 산 신발이 조금 커 보이네.
    나: 아니야, 사이즈가 딱 맞아서 정말 _____

4 가: 식중독을 _____ 어떻게 해야 해요? (-(으)려면)
    나: 물을 끓여 마시고 음식은 익혀서 먹는 게 좋아요.

[어휘 마인드맵]

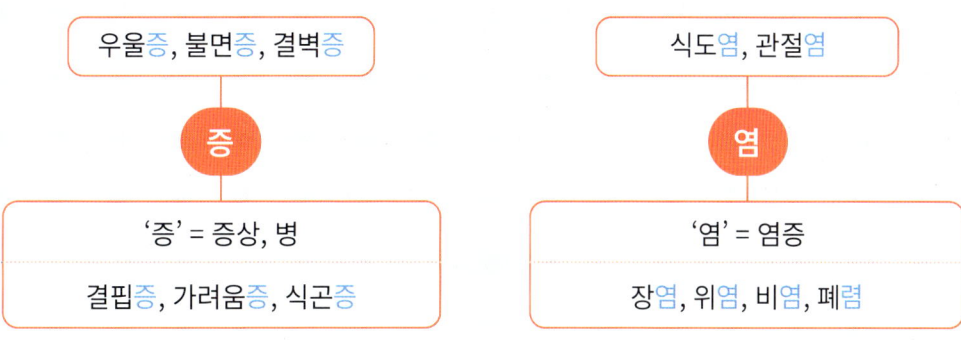

  -더니

가: 자주 야식을 먹더니 요즘은 안 먹네요.
나: 네, 다이어트 중이에요.

아침에는 비가 오더니 지금은 눈이 와요.

가: 수지는 어떻게 지내?
나: 어릴 때부터 공부를 잘하더니 의사가 되었어.

그 선수가 열심히 노력하더니 금메달을 땄어요.

-더니는 과거에 직접 보거나 들어서 알게 된 사실이 원인이 되어 후행절의 결과가 나타났을 때, 과거에 알게 된 사실에 이어서 어떠한 일이 발생했을 때 사용합니다. 자신에 대해서 말할 때는 사용할 수 없습니다.

연습 1 문장을 완성하세요.

| 싸우다 | 먹다 | 공부하다 | 흐리다 | 덥다 |

1. 어제는 _____ 오늘은 조금 쌀쌀해요.
2. 두 사람은 자주 _____ 결국 헤어졌어요.
3. 하늘이 _____ 빗방울이 떨어지기 시작했어요.
4. 오빠가 어릴 때 열심히 _____ 대학교수가 되었어요.
5. 외국인 친구가 전에는 된장찌개를 안 _____ 지금은 좋아해요.

연습 2 문장을 완성하세요.

| 오다 | 마시다 | 받다 | 나오다 | 피우다 |

1. 가: 민수가 입원했다면서요? 무슨 일이에요?
   나: 네, 담배를 많이 _____ 폐가 안 좋아졌대요.

2. 가: 아버지는 어디 계세요?
   나: 모르겠어요. 아까 전화를 _____ 급히 나가셨어요.

3. 가: 나나 씨가 술을 많이 _____ 건강이 나빠졌대요.
   나: 그래요? 걱정이네요.

4. 가: 과일을 먹고 싶은데 너무 비싸요.
   나: 맞아요. 요즘 비가 많이 _____ 과일값이 올랐어요.

5. 가: 오늘도 기다리는 사람이 많네요.
   나: 그러게요. 방송에 몇 번 _____ 많이 알려졌나 봐요.

연습 3 문장을 완성하세요.

1
가: 나나 씨가 집을 샀네요.
나: _____ 집을 샀군요.

2
가: 영진 씨가 살이 많이 쪘네요.
나: _____ 살이 많이 쪘나 봐요.

3
가: 이 배우가 예전과 좀 달라진 것 같아요.
나: 그러니까요. 예전에는 _____

4
가: 지금도 길이 많이 막혀요?
나: 아니요, 조금 전까지 _____

(제가) 운동을 했더니 기분이 상쾌해요.

켈리 씨가 운동을 하더니 살이 많이 빠졌네요.

★ 도와줘요, 메리!
-더니 vs -았/었/했더니
-더니는 다른 사람이나 어떠한 상황에 대해 이야기할 때 사용하며, 선행절과 후행절의 주어가 항상 같아야 합니다.
-았/었/했더니는 자신의 이야기를 할 때 사용하며, 선행절과 후행절의 주어가 다른 경우도 사용할 수 있습니다. 동사와만 사용할 수 있습니다.

연습 4 맞는 것에 ◯ 하세요.

문법연습 형동-더니, 형동-았/었/했더니

1 아까는 날씨가 (좋더니 / 좋았더니) 지금은 비가 많이 오네요.

2 아침에 밥을 급하게 (먹더니 / 먹었더니) 속이 안 좋아요.

3 지난 번에는 음식이 (맛있더니 / 맛있었더니) 오늘은 별로인 것 같아요.

4 지난 1년간 꾸준히 운동을 (하더니 / 했더니) 요즘 보는 사람들마다 얼굴이 좋아졌대요.

문법 ② 동-아/어/해 대다

가: 어제 수업이 재미있었어요?
나: 아니요, 교수님은 수업 내내 같은 말씀을 하셔 댔어요.

그렇게 과자를 먹어 대면 살이 찔 거예요.

가: 요즘 표정이 안 좋아 보여요.
나: 아내가 잔소리를 해 대서 스트레스를 받아요.

옆집 아기가 밤새 울어 대서 잠을 못 잤어요.

-아/어/해 대다는 어떤 행동을 반복함을 나타내며 그 정도가 너무 심한 경우에 사용합니다. 주로 부정적인 상황에서 쓰입니다.

연습 1 문장을 완성하세요.

| 바꾸다 | 조르다 | 놀리다 | 뛰다 | 듣다 |

1. 가: 언니, 나 휴대폰 새로 샀어.
   나: 또? 그렇게 자주 휴대폰을 _____ 어떡해? (-면)

2. 가: 그렇게 자꾸 슬픈 노래만 _____ 기분이 더 우울하지. (-면)
   나: 그런가? 그럼 이제부터 좀 밝은 노래를 들어야겠다.

3. 가: 아이가 왜 자꾸 울어요?
   나: 학교 친구들이 바보라고 _____ (-았/었/했- + -대요)

4. 가: 어제도 잠을 못 잤어요?
   나: 네, 윗집에 새로 이사를 왔는데 아이들이 밤늦게까지 _____ (-아/어/해요)

5. 가: 장난감 많다더니 또 사 줬어요?
   나: 아이가 하도 사 달라고 _____ 어쩔 수 없었어요. (-아/어/해)

연습 2 문장을 완성하세요.

| 웃다 | 피우다 | 전화하다 | 보내다 | 울다 |

우리 삼촌은 술이 문제다. 술만 마시면 다른 사람처럼 변한다. 평소에는 담배를 피우지 않는데 술만 마시면 담배를 1 _____. 그리고 사춘기 소녀처럼 대화를 하다가 웃기지 않는데 계속 혼자서 2 _____. 가끔은 헤어진 여자 친구가 보고 싶다면서 문자를 3 _____ (-고), 심지어 받지도 않는데 여러 번 4 _____. 며칠 전에는 술을 마시고 밤새 5 _____ (-아/어/해서) 잠을 잘 수가 없었다. 우리 삼촌은 꼭 술을 끊어야 한다.

문법 3 동-기 십상이다

가: 요즘 허리가 계속 아파.
나: 컴퓨터를 오래 하면 허리가 아프기 십상이야.

겨울에 옷을 얇게 입으면 감기에 걸리기 십상이다.

가: 이거 상한 것 같아요.
나: 더운 날씨에는 음식이 금방 상하기 십상이에요.

건강할 때 건강 관리를 안 하면 나중에 후회하기 십상이다.

-기 십상이다는 어떤 결과가 쉽게 발생하거나 그럴 가능성이 크다는 것을 나타냅니다. '십상'은 '열 개 중 여덟 개에서 아홉 개'라는 뜻입니다. 주로 -(으)면 -기 십상이다 형태로 사용하는 경우가 많습니다.

연습 1 문장을 완성하세요.

1 잘못을 하고 사과하지 않으면 사이가 _____ (나빠지다)

2 등산할 때 무리해서 뛰어 올라가면 발목을 _____ (삐다)

3 처음부터 목표를 너무 높게 잡으면 _____ (포기하다)

4 발표 도중에 사람들이 웃으면 _____ (긴장하다)

연습 2 문장을 완성하세요.

| 해치다 | 생기다 | 멀어지다 | 쌓이다 |

1 가: 피부에 뭐가 났네. 이 약을 먹을까?
   나: 안 돼. 아무 약이나 먹으면 부작용이 _____

2 가: 어제 술 마시느라 늦게 잤더니 피곤하네요.
   나: 그런 생활을 계속하면 건강을 _____

3 가: 동창을 오랜만에 만나니까 정말 어색했어요.
   나: 그럼요. 친구라도 오래 안 만나면 사이가 _____

4 가: 요즘 일이 많아서 여유 시간이 없어요.
   나: 아무리 바쁘더라도 좀 쉬세요. 일만 하면 스트레스가 _____

대화문

민아: 사나야, 지난달에 한 건강검진 결과 나왔어?

사나: 응. 다른 건 다 괜찮은데 당뇨병 주의 단계라고 진단이 나왔어.

민아: 정말? 넌 음식도 골고루 먹고 운동도 자주 하는 편이잖아.

사나: 그렇기는 한데 스트레스를 받거나 입이 심심할 때마다 단 것만 먹**어 대서** 그런 것 같아.

민아: 단 음식을 많이 먹으면 당뇨병에 걸리**기 십상이야**. 식습관도 불규칙해지니까 살도 찌고.

사나: 맞아. 요즘 몸무게가 점점 늘더라. 그리고 단 음식을 먹는 게 습관이 된 것 같아.

민아: 내 친구도 점점 살이 찌**더니** 건강이 안 좋아졌어. 너도 계속 이렇게 지내면 당뇨병뿐만 아니라 비만, 고혈압 등 각종 성인병이 생기**기 십상**이야.

사나: 큰일이네. 식습관을 바꿔야 하는데 효과적인 방법이 없을까?

민아: 음, 다양한 방법이 있을 것 같은데 한 번 같이 찾아보자.

연습 1 대화문에 대해 답하세요.

1. 사나의 건강검진 결과는 어떻습니까?

2. 사나는 요즘 어떤 습관이 생겼습니까?

연습 2 여러분에 대해 답하세요.

1. 사나의 식습관을 바꾸려면 어떻게 해야 할까요?

2. 여러분은 건강하게 살기 위해 어떤 노력을 합니까?

말하기

연습 1 친구와 이야기해 보세요.

보기

[단 음식을 많이 먹는 아이에게]
단 것 많이 먹 (으)면 배 아프 기 십상이에요.
조금만 먹어요.

1
[매일 늦게 자고 늦게 일어나는 동생에게]

2
[아파도 병원에 가지 않는 친구에게]

3
[술을 많이 마시는/담배를 많이 피우는 친구에게]

연습 2 친구와 묻고 답하세요.

1 건강하다는 것은 어떤 것입니까?
-
-

2 몇 살까지 살고 싶습니까?
-
-

3 건강하게 살기 위해 무엇이 필요합니까?
-
-

4 건강을 위해 무엇을 하면 안 됩니까?
-
-

5 건강하게 사는 방법을 알고 있습니까?
-
-

6 언제 스트레스를 받습니까?
-
-

7 스트레스가 심할 때 나타나는 증상은 무엇입니까?
-

8 스트레스 해소 방법은 무엇입니까?
-
-

57

연습 3. 현대인이 많이 걸리는 질병에는 뭐가 있을까요? 질병과 그 치료법에 대해 이야기해 보세요.

보기

가: 요즘 기분이 자꾸 우울해. 우울증 같아서 걱정돼.
나: 왜? 계속 기분이 안 좋고 우울한 마음이 들어?
가: 응. 우울한 기분이 들 뿐만 아니라 잠도 잘 안 오고, 흥미를 잃어가는 느낌이야.
나: 치료나 상담을 받아보는 건 어때?
가: 왜 이런 증상이 나타나는 걸까?
나: 전에 뉴스에서 봤는데, 우울증의 원인은 다양하대. 유전적 원인도 있고, 스트레스를 많이 받는 환경도 영향을 준대. 몸이 아플 때도 우울한 기분이 들 수 있고.
가: 어떻게 하면 좋을까?
나: 규칙적으로 운동해 봐. 충분히 잠을 자려고 노력도 해 보고. 혼자서 해결하기 힘들다면 전문가와 상담하는 것도 좋을 것 같아…

   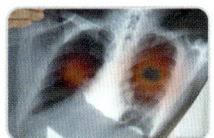

우울증 / 비만 / 만성 피로 / 폐암

질병	우울증	
의미	지속적으로 우울한 기분이 드는 것	
증상	계속 우울한 마음이 든다, 잠이 안 온다, 흥미를 잃는다 등	
원인	유전적 원인, 스트레스를 많이 받는 환경, 신체적 질병 등	
예방법 및 치료법	규칙적인 운동, 건강한 식습관, 충분한 수면, 치료나 상담 등	

듣기

연습 1 강의를 듣고 답하세요.

1 비타민D와 관련 있는 질병은 무엇입니까?

① 관절염
② 탈모
③ 식중독
④ 비만

2 맞는 것에 ○, 틀린 것에 ✕ 하세요.

① 비타민D는 칼슘을 낮추는 데 영향을 준다. ( )
② 생선, 콩을 먹으면 비타민D가 우리 몸에 잘 흡수된다. ( )
③ 햇볕을 잘 받으면 우리 몸에 필요한 비타민D를 충분히 얻을 수 있다. ( )
④ 비타민D가 부족하면 햇볕보다 영양제를 복용하는 것이 좋다. ( )

연습 2 대화를 듣고 답하세요.

1 맞는 것에 ○ 하세요.

① 여자가 물을 많이 마시지 않아서 몸에 문제가 생겼다.
② 나이가 들면 몸에 수분이 부족해진다.
③ 남자는 앞으로 가벼운 스트레칭을 하려고 한다.
④ 몸에 필요한 만큼만 물을 마시면 건강이 나빠지지 않는다.

2 질문에 답하세요.

① 여자는 물을 별로 안 마시는 이유는 무엇입니까?

② 남자는 하루에 몇 잔 정도 물을 마셔야 한다고 했습니까?

③ 남자가 여자에게 추천한 운동은 무엇입니까?

읽기와 쓰기

연습 1 기사를 읽고 질문에 답하세요.

거북목, 생활 습관으로 극복

목과 어깨가 자주 아프시다고요? 정상적인 목의 모양은 옆에서 봤을 때 C자로 생겼지만 요즘에는 목 통증을 일으키는 형태인 거북목을 가지고 있는 사람이 많습니다. 그럼 목과 어깨 통증을 유발하는 거북목의 원인과 예방법을 알아보겠습니다.

거북목은 오랜 시간 컴퓨터 앞에서 일하거나 스마트폰을 사용해 대는 사람에게 많이 나타나는데요. 컴퓨터나 스마트폰 화면을 보기 위해 고개를 숙이고 잘못된 자세로 오래 앉아 있으면 거북목이 되기 십상입니다.

거북목을 예방하는 방법은 간단합니다. 먼저 어깨를 펴고 바른 자세를 유지하는 게 중요합니다. 사무실에서 일한다면 컴퓨터 모니터를 눈높이에 맞게 조절하고 오래 고개를 숙인 채 스마트폰을 보지 말아야 합니다. 또 시간이 날 때마다 목 근육을 움직이고 5분 정도 운동을 하면 거북목 예방에 도움이 됩니다.

 거북목을 예방하기 위한 스트레칭은 의자에 앉아 턱 끝에 양손 엄지손가락을 대고 고개를 뒤로 젖히는 방법이 있습니다. 또한 한 손을 머리에 대고 오른쪽, 왼쪽으로 가볍게 당겨 주는 방법이 있습니다. 지금 간단한 스트레칭으로 목과 어깨의 근육을 풀어보는 건 어떨까요?

1 맞는 것에 ◯ 하세요.

① 요즘 거북목을 가지고 있는 사람들은 줄어드는 편이다.
② 목의 모양이 C자인 것은 정상적이므로 걱정할 필요가 있다.
③ 컴퓨터의 모니터 높이가 낮으면 거북목 예방에 도움이 된다.
④ 시간이 날 때마다 목 근육을 풀어주는 운동을 하는 것이 좋다.

2 질문에 답하세요.

거북목 스트레칭 방법 두 가지를 쓰세요.

연습 2 글을 읽고 질문에 답하세요.

개선하고 싶은 건강 문제, 1위 피로

한국 건강 협회는 직장인 528명을 대상으로 건강 기능 식품 섭취 실태에 대해 조사했다. 조사 결과, 응답자 중 85.3%가 '만성 피로 증후군'을 겪고 있다고 답했다. 또한 최근 현대인들이 건강 관리에서 가장 중요하게 생각하는 부분은 '피로 해소'라는 것을 확인할 수 있었다. 소비자들이 건강 기능 식품을 섭취하는 이유로도 역시 피로 해소가 가장 많은 응답을 얻었다. 특히 피로 해소에 도움을 주는 대표적인 영양소인 '비타민'은 에너지 생성과 피로 감소에 효과적이어서 많은 소비자들이 찾고 있다.

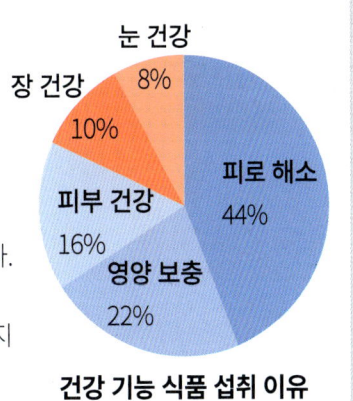

건강 기능 식품 섭취 이유

1. 맞는 것에 ◯, 틀린 것에 ✕ 하세요.

   ① 만성 피로 증후군을 겪는 사람이 절반 이상이다. ( )
   ② 비타민은 피로 회복에 도움을 주는 영양소 중 하나이다. ( )
   ③ 피부 건강보다 영양 보충을 위해 건강 기능 식품을 섭취하는 사람이 더 많다. ( )

2. 질문에 답하세요.

   ① 몇 명을 조사했습니까?

   ② 건강 관리에서 가장 중요하게 생각하는 것은 무엇입니까?

연습 3 다음 질문에 대해 생각하고 224페이지에 글을 쓰세요.

- 현대인들이 많이 걸리고 있는 질병은 무엇입니까?
- 원인은 무엇입니까?
- 예방을 하려면 어떻게 해야 합니까?

한국 이야기

영상을 보고 한국인에게 발생하는 질환에 대해 더 알아보세요!

한국인에게 가장 빈번히 발생하는 질환

한국인들이 가장 많이 걸리고 있는 질환이 무엇인지 알고 있나요? 한국인들이 가장 많이 앓고 있는 질환은 암, 뇌혈관 질환, 심혈과 질환, 간 질환이라고 해요.

질병과 식습관은 떼려야 뗄 수 없는 관계인데, 달고, 짜고, 매운 음식을 선호하는 한국인의 식습관이 질병의 위험을 높인다고 해요.

위암

위암은 식습관만 고쳐도 충분히 예방이 가능해요. 가장 중요한 건 음식을 짜게 먹지 말아야 한다는 것이에요. 과일과 채소를 많이 섭취하는 것과 규칙적인 운동, 절주, 금연 등도 위암 예방에 도움이 돼요. 위암 발생이 급격히 늘어나는 40대부터는 2년에 한 번씩 위내시경 검진을 받는 것도 좋아요.

고혈압

고혈압은 혈중 노폐물이 혈관을 막거나 혈관 벽이 두꺼워지면서 혈액의 흐름을 방해해 압력이 오르면서 생겨나는 질병이에요. 짠 음식은 혈압을 높이므로 적게 먹어야 하고, 등 푸른 생선, 견과류를 먹는 것도 좋아요. 스트레스나 비만도 혈압을 올리는 위험 요인이므로 조심해야 해요.

당뇨

당뇨병은 혈당이 잘 조절되지 않는 병으로, 혈액에 지나치게 많은 당분이 혈액 순환을 방해하고 여러 장기의 기능을 떨어뜨리는 병이에요. 당뇨를 막기 위해선 평소 식습관을 철저히 관리해야 하는데, 쌀밥보다는 잡곡밥을 먹고 포만감이 오래가는 단백질 위주의 식사를 하는 것이 좋아요.

05

SCAN FOR AUDIO

주요 표현
에어컨을 자주 껐다 켰다 해서 그런지 고장 났어. 어디에 연락해야 하지?

문법
동-아/어/해 버릇하다
형 동-아/어/해서 그런지, 명 (이)어서 그런지
동-는 바람에

한국 이야기
한국의 A/S 문화

어휘 및 표현

[고장/수리]

망가지다/파손되다

작동이 안 되다

전원이 안 켜지다/꺼지다

화면이 안 나오다

이상한 소리가 나다

배터리가 다 되다

액정이 깨지다

물건을 함부로 쓰다

부러지다

떨어뜨리다

망가뜨리다

[서비스 센터]

A/S 서비스 센터

A/S 서비스를 받다
애프터서비스를 받다

무상 수리

수리 기사

수리 센터/수리점

수리를 맡기다

유상 수리

품질 보증 기간

고객(지원)센터/콜센터

물건을 접수하다

수리비가 들다

센터 방문 예약

[기타]

충전기   꾸중을 듣다   대처하다   전원 어댑터   드라이어   중단되다

연습 1 반대되는 말을 쓰세요.

1. 작동이 잘 되다 ↔ _____
2. 전원이 켜지다 ↔ _____
3. 화면이 나오다 ↔ _____
4. 무상 수리 ↔ _____

연습 2 문장을 완성하세요.

| 고객 센터   파손되다   수리를 맡기다   수리비가 들다   서비스를 받다 |

1. 가: 무엇을 도와드릴까요?
   나: 배송된 제품이 _____ 교환하려고 하는데요. (-아/어/해서)

2. 가: 청소기가 또 안 되네.
   나: A/S _____ 어때요? (-는 게)

3. 가: 전원 버튼을 아무리 눌러도 작동이 안 되는데 환불이 될까?
   나: _____ 에 전화해서 물어봐.

4. 가: 휴대폰 액정이 깨져서 바꾸고 싶은데요.
   나: 무상 수리 기간이 지나서 _____ 괜찮으시겠어요? (-는데)

5. 가: 오늘은 왜 차를 안 타고 버스를 타고 왔어요?
   나: 자동차 타이어에 문제가 있어서 _____ (-았/었/했어요)

[어휘 마인드맵]

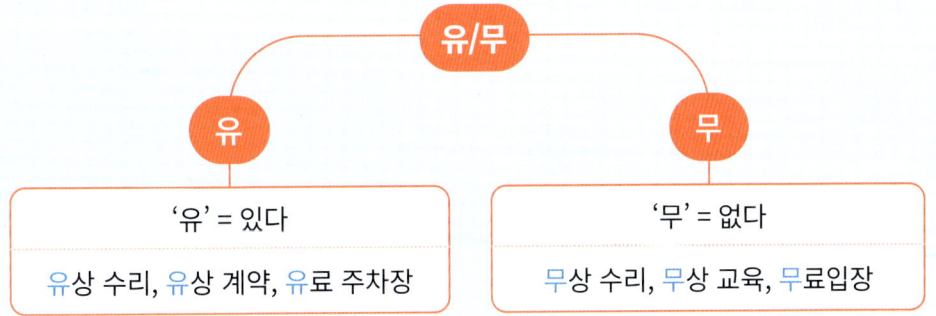

문법 ① 동-아/어/해 버릇하다

매일 야식을 먹어 버릇하면 건강에 안 좋아요.

자기 전에 휴대폰을 봐 버릇해서 눈이 나빠졌어요.

-아/어/해 버릇하다는 어떠한 행위를 습관적으로 반복함을 나타내며 '자주, 자꾸, 계속' 등의 부사와 함께 쓰입니다.

연습 1 문장을 완성하세요.

1. 힘든 일도 계속 _____ 쉬워질 거예요. (하다, -(으)면)
2. 아침을 _____ 건강이 좋아질 거예요. (챙겨 먹다, -(으)면)
3. 자꾸 할 일을 _____ 습관이 돼서 안 좋아요. (미루다, -(으)면)
4. 물건을 그렇게 함부로 _____ 금방 고장이 날 거예요. (쓰다, -(으)면)
5. 요즘 매일 늦게 _____ 아침에 일찍 일어나는 게 힘들어요.
   (자다, -아/어/해서)

연습 2 문장을 완성하세요.

1. 가: 사나 씨 이제는 매운 음식도 잘 먹네요.
   나: 한국에 살면서 자주 _____ 잘 먹게 됐어요. (먹다, -(으)니)

2. 가: 이 일은 너무 힘들어서 못 하겠어.
   나: 힘들다고 자꾸 _____ 아무 일도 못 할 거야.
   (포기하다, -(으)면)

3. 가: 이번에 새로 나온 휴대폰 봤어? 너무 좋더라. 나도 그걸로 바꾸고 싶어.
   나: 고장 나지도 않았는데 자꾸 새 걸로 _____ 돈 모으기 힘들어.
   (바꾸다, -(으)면)

4. 가: 어? 안경을 썼네?
   나: 응. 요즘 자기 전에 맨날 스마트폰을 _____ 눈이 나빠졌어.
   (보다, -았/었/했더니)

5. 가: 요즘 허리가 너무 아프네.
   나: 다리를 꼬고 _____ 허리에 안 좋대. (앉다, -(으)면)

 ② 형 동 -아/어/해서 그런지,
명 (이)어서 그런지

가: 어디 아파요?
나: 술을 마셔서 그런지 머리가 좀 아프네요.

가: 이번에 나온 신제품이 인기가 많다면서요?
나: 가격도 싸고 편리해서 그런지 사람들이 많이 사용하더라고요.

오늘 주말이라서 그런지 백화점에 사람이 많네요.

비가 와서 그런지 오늘은 파전이 먹고 싶네요.

-아/어/해서 그런지, (이)어서 그런지는 어떠한 결과에 대한 이유를 추측해서 말할 때 사용합니다. 명사는 (이)어서 그런지를 사용하고 (이)라서 그런지도 자주 사용합니다.

연습 1 문장을 만드세요.

1 어제 늦게 자다 / 오늘 너무 피곤하다

2 감기에 걸리다 / 입맛이 없다

3 점심을 급하게 먹다 / 체한 것 같다

4 한국 사람이다 / 매운 음식을 좋아하다

5 날씨가 춥다 / 운동하는 사람이 별로 없다

연습 2 문장을 완성하세요.

> 오래되다   야근을 하다   걸레질을 하다   아침을 많이 먹다   줄거리가 흥미롭다

1 가: 청소기가 너무 _____ 작동이 안 될 때가 많아.
  나: 10년 넘게 썼으니까 고장 날 때도 됐네.

2 가: 점심 먹으러 안 가요?
  나: _____ 별로 배가 안 고프네요.

3 가: 새로 시작한 드라마가 시청률이 높다고 해요.
  나: _____ 보는 사람들이 많더라고요.

4 가: 바닥이 왜 이렇게 미끄럽지?
  나: 방금 _____ 좀 미끄럽네.

5 가: 오늘 많이 피곤해 보이네요.
  나: 어제 _____ 좀 피곤하네요.

문법 ③ 동-는 바람에

갑자기 휴대폰이 고장 나는 바람에 연락을 못 했어요.

버스를 잘못 타는 바람에 약속 시간보다 30분 늦었어요.

-는 바람에는 부정적인 결과나 상황에 대한 이유나 원인을 이야기할 때 사용합니다.

연습 1 문장을 완성하세요.

1 아침에 _____ 회사에 늦었어요. (늦잠을 자다)

2 휴대폰 _____ 연락을 못 했어요. (전원이 꺼지다)

3 갑자기 _____ 야구 경기가 취소되었어요. (비가 오다)

4 차가 갑자기 _____ 수리를 맡겼어요. (고장 나다)

5 휴대폰을 _____ 액정이 깨졌어요. (떨어뜨리다)

6 눈이 _____ 공사가 중단됐어요. (오다)

연습 2 문장을 완성하세요.

> 수리를 맡기다   전원이 꺼지다   계단에서 넘어지다   급한 일이 생기다

1 가: 작업이 아직 안 끝났어요?
  나: 네. 컴퓨터 _____ 작업하던 게 다 날아가서 다시 하고 있어요.

2 가: 왜 차를 안 타고 버스를 타고 왔어요?
  나: 어제 차 사고가 나서 _____ 버스를 타고 왔어요.

3 가: 수지야, 미안한데 오늘 _____ 약속을 취소해야 할 것 같아.
  나: 그래? 알았어. 그럼 다음에 보자.

4 가: 사나 씨는 오늘 안 와요?
  나: 네, 아침에 _____ 병원에 입원을 했대요.

연습 3 알맞은 것을 연결하고 문장을 완성하세요.

1. 노트북에 물을 쏟다 • • 다시 갈아타다
2. 세탁기가 작동 안 되다 • • 걸어서 내려왔다
3. 엘리베이터가 고장 나다 • • 빨래를 못 하고 있다
4. 지하철을 잘못 타다 • • 노트북 전원이 안 켜지다

1. 가: 노트북에 무슨 문제가 있나요?
   나: _____

2. 가: _____
   나: 집 근처에 빨래방이 있는지 찾아보세요.

3. 가: 뛰어왔어요? 왜 이렇게 땀을 흘려요?
   나: _____ 덥네요. (-더니)

4. 가: 어디예요? 왜 안 와요?
   나: _____ 가고 있어요. (-아/어/해서)

연습 4 문장을 완성하세요.

> 늦잠을 자다   사고가 나다   지각을 하다
> 회의 시간을 착각하다   휴대폰을 가지러 가다

오늘은 하루 종일 정신이 없는 날이었다. 아침부터 **1** _____ 세수만 하고 나왔다. 급하게 준비하고 나왔는데 집에 휴대폰을 놓고 나왔다. 그래서 다시 **2** _____ 출근이 더 늦어졌다. 더 늦어질까 봐 택시를 탔다. 그런데 회사에 가다가 앞에서 **3** _____ 길이 더 막혔다. 결국 회사에 **4** _____ 부장님께 혼이 났다. 오후에는 중요한 회의가 있었는데 **5** _____ 회의에 늦어서 부장님께 또 혼이 났다.

켈리: 방이 너무 덥다. 에어컨 좀 켜자.
사나: 에어컨이 고장 나는 바람에 못 켜고 있어.
켈리: 왜 고장 났어?
사나: 내가 에어컨을 자주 껐다 켰다 해서 그런지 전원이 안 켜져.
켈리: 코드는 꽂혀 있는데 전원이 안 켜지는 거야?
사나: 응. 어디에 연락해야 하지?
켈리: 서비스 센터에 연락해야지. 연락처가 에어컨에 붙어 있을 텐데... 아, 여기 있다.
사나: 전화하면 바로 고칠 수 있나?
켈리: 아마 기사님이 집에 방문해서 에어컨 상태를 보시고 큰 문제가 없으면 바로 고칠 수 있을 것 같아.
사나: 수리비가 들려나?
켈리: 산 지 얼마 안 됐으면 무상 수리가 가능할 것 같은데... 서비스 센터에 전화해서 물어보자.
사나: 물건을 함부로 써 버릇했더니 금방 고장이 났네. 이제 좀 조심해서 써야겠어.

연습 1 대화문에 대해 답하세요.

1. 어떤 제품이 고장 났습니까?
2. 왜 고장 났습니까?
3. 서비스 센터 연락처는 어디에서 찾으면 됩니까?

연습 2 여러분에 대해 답하세요.

1. 여러분이 사용하던 제품 중에서 고장 난 제품이 있었습니까?

2. 어떤 문제가 있었습니까? 그래서 어떻게 했습니까?

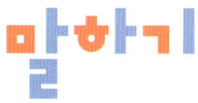

연습 1 친구와 이야기해 보세요.

1 여러분의 안 좋은 습관에 대해 친구와 이야기해 보세요.

> 보기
> 가: 저는 요즘 텔레비전을 가까이 봐 버릇해서 눈이 나빠졌어요.
> 나: 저는 요즘 운동을 안 해 버릇해서 살이 쪘어요.

2 안 좋은 버릇에 대해 이야기하고 조언해 보세요.

> 보기
> 가: 텔레비전을 가까이 봐 버릇하면 눈이 안 좋을 거예요. 가까이 보지 마세요.
> 나: 그러게요. 앞으로는 멀리서 보겠어요.

가: 노래를 크게 듣다　　　가: 어두운 곳에서 책을 읽다　　　가: 매일 술을 마시다
나: 작게 듣다　　　　　　나: 밝은 곳에서 보다　　　　　　나: 술을 줄이다

연습 2 친구와 묻고 답하세요.

> 보기
> 가: 어서 오세요. 무엇을 도와 드릴까요?
> 나: 며칠 전에 휴대폰에 물을 쏟아 서 그런지 휴대폰 전원이 안 켜져서요.
> 가: 네, 접수해 드리겠습니다. 잠시만 기다리세요.
>   고객님. 확인해 봤는데, 제품에 물이 들어갔어요.
> 나: 아 그래요? 고치려면 수리비가 드나요?
> 가: 수리비는 없습니다.
> 나: 네, 알겠습니다. 감사합니다.

1 나: 노트북 배터리에 문제가 있다 /
　　　노트북 충전이 안 되다
　　가: 충전기가 고장 나다
　　나: 시간이 얼마나 걸리나요?
　　가: 하루 정도 걸리다

2 나: 청소기가 고장이 나다 /
　　　청소기가 작동이 안 되다
　　가: 부품이 파손되다
　　나: 수리비가 드나요?
　　가: 제품 보증 기간이 지나서 유상
　　　수리를 해야 하다

연습 3 친구와 이야기해 보세요.

보기

가: 오늘은 정말 운도 없고 힘든 하루였어요.
나: 왜요?
가: 어젯밤에 늦게 자는 바람에 늦잠을 잤어요. 늦잠 자는 바람에 친구와 약속에 늦었어요. 약속에 늦는 바람에 예약한 영화를 못 봤어요. 영화를 못 보는 바람에 친구가 혼냈어요.
나: 아이고. 정말 피곤하겠어요.

1 아침에 지하철에서 졸다 → 가방을 놓고 내리다
   → 다시 지하철역에 가서 회사에 늦게 도착하다
   → 늦게 출근을 해서 아침 미팅에 참석도 못하다
   → 팀장님께 꾸중을 듣다

2 계단에서 미끄러지다 → 다리를 다치다
   → 택시를 타고 병원에 가다
   → 병원에 가방을 놓고 오다
   → 다시 병원에 가느라 택시비를 또 쓰다

3 휴대폰을 보면서 걷다가 앞에 오는 사람이랑 부딪히다 → 휴대폰을 떨어뜨리다
   → 휴대폰 액정이 깨지다
   → 휴대폰 화면이 안 켜지다
   → 수리를 맡겨야 해서 수리비가 들다

4
   →
   →
   →
   →

듣기

연습 1 대화를 듣고 답하세요.

1 맞는 것에 ○ 하세요.

① 텔레비전 화면이 파손됐다.
② 텔레비전 화면이 안 나온다.
③ 텔레비전 코드가 망가졌다.
④ 텔레비전에서 소리가 안 난다.

2 맞는 것에 ○, 틀린 것에 ✕ 하세요.

① 텔레비전 코드가 꽂혀 있지 않았다. ( )
② 오늘 텔레비전 수리 기사가 남자의 집에 방문할 것이다. ( )
③ 무상 수리 기간이 끝나서 수리비를 내야 한다. ( )
④ 제품 번호는 텔레비전 뒤쪽에 써 있다. ( )

연습 2 대화를 듣고 답하세요.

1 맞는 것에 ○, 틀린 것에 ✕ 하세요.

① 청소기가 작동이 안 된다. ( )
② 청소기를 사용한 지 10년이 넘었다. ( )
③ 지금까지 청소기를 수리 받은 적이 한 번도 없다. ( )
④ 여자가 청소기를 함부로 써서 고장이 났다. ( )

2 두 사람이 이어서 할 행동으로 맞는 것에 ○ 하세요.

① 직접 물건을 수리한다.
② 서비스 센터에 전화를 한다.
③ 매장에 가서 새로운 제품을 산다.
④ A/S 센터에 물건을 가지고 방문한다.

읽기와 쓰기

연습 1 글을 읽고 질문에 답하세요.

일하다가 물을 마시면서 실수로 노트북에 물을 흘리고 당황한 적이 있나요? 이때 대처를 잘못하면 노트북이 바로 고장이 날 수 있습니다. 하지만 빠르게 대처를 잘 한다면 노트북에 문제가 생기지 않을 수 있습니다. 그럼, 지금부터 노트북에 물을 쏟았을 때 대처하는 방법을 살펴보겠습니다.

첫째, 전원 어댑터를 분리하고 전원을 끕니다. 당황해서 먼저 물을 닦는 경우가 있는데 우선 노트북 전원을 꺼야 합니다.

둘째, 노트북에 쏟은 물을 닦습니다. 전원을 끈 다음에 노트북 안으로 물이 들어가지 않도록 노트북을 뒤집어 놓고 수건으로 노트북을 싸서 닦는 것이 좋습니다. 이때 물을 닦은 후 노트북 상태를 확인하기 위해 전원을 켜면 절대 안 됩니다. 완전히 마르지도 않았는데 전원을 켜면 노트북에 문제가 생길 수 있기 때문입니다.

셋째, 물을 말립니다. 앞의 두 가지를 모두 한 후에는 서비스 센터에 방문하는 것이 좋습니다. 그런데 바로 서비스 센터에 방문할 수 없다면 선풍기나 드라이어로 물을 말려 줍니다. 이때 주의할 점은 뜨거운 바람이 아닌 차가운 바람을 사용해야 한다는 것입니다.

마지막으로 서비스 센터에 방문합니다. 노트북에 문제가 없더라도 나중에 문제가 생길 수 있기 때문에 서비스 센터에 방문해서 점검을 받는 것을 추천합니다.

1. 이 글의 주제로 알맞은 것에 ○ 하세요.

   ① 노트북 수리 신청하는 방법
   ② 노트북 액정이 나갔을 때 대처하는 방법
   ③ 노트북에 물을 쏟았을 때 대처하는 방법
   ④ 노트북에서 이상한 소리가 날 때 대처하는 방법

2. 이 글의 내용과 같은 것에 ○ 하세요.

   ① 노트북에 물을 쏟았을 때 가장 먼저 흘린 물을 닦는다.
   ② 쏟은 물을 닦은 후에는 노트북 전원을 켠다.
   ③ 물을 말릴 때에는 차가운 바람으로 말린다.
   ④ 물을 다 말린 후에 노트북이 작동하면 서비스 센터에 가지 않는다.

연습 2 게시판 글을 읽고 질문에 답하세요.

Q&A

제목 **배송 받은 제품이 파손되었어요.**
인터넷으로 어제 주문해서 오늘 배송 받은 제품이 파손되었는데 어떻게 해야 하나요?

RE **배송 받은 제품이 파손되었어요.**
우선 불편을 드려 죄송합니다. 배송 받은 제품이 파손된 경우에는 먼저 파손된 제품 사진을 올려 주세요. 그리고 고객 서비스 센터로 연락 주시기 바랍니다. 주문 번호를 미리 준비해 주시면 더 빠른 상담이 가능합니다.
사진을 보고 제품 상태가 확인이 되면 고객님께서 원하시는 다른 상품으로 교환이나 환불이 가능합니다. 또는 파손 제품을 가지고 가까운 매장에 방문하시면 교환이나 환불을 받으실 수 있습니다.
그러나 배송 완료 후 7일이 지난 경우에는 교환/반품이 불가합니다.

1 질문에 답하세요.

① 이 사람은 왜 글을 썼습니까?

② 어떤 경우에 교환/반품을 할 수 없습니까?

2 틀린 것에 ◯ 하세요.

① 구매자는 파손된 제품 사진을 찍어서 올려야 한다.
② 인터넷에서 구매한 제품은 매장에서 교환할 수 없다.
③ 구매자는 사진을 올린 후에 고객 서비스 센터로 연락을 해야 한다.
④ 주문 번호를 알고 있으면 더 빠르게 상담을 받을 수 있다.

연습 3 다음 질문에 대해 생각하고 225페이지에 글을 쓰세요.

- 여러분이 사용했던 물건 중에 고장 난 물건이 있습니까?
- 왜 고장이 났습니까? 어떤 문제가 있었습니까?
- 고장이 나서 어떻게 했습니까? 어떻게 고쳤습니까?

한국 이야기

영상을 보고 한국의 A/S 문화에 대해 더 알아보세요!

한국의 A/S 문화

A/S란 이미 팔린 물건에 대해 일정 기간을 정해 놓고 그 기간 안에 고장이나 기능 이상 등 문제가 발생했을 경우 그 문제를 해결해 주는 서비스를 의미해요. 영어권에서는 Warranty 또는 Customer Service라고 해요. A/S는 After-Sales Service를 줄인 말로 주로 한국에서만 사용돼요.

컴퓨터, 노트북, 스마트폰 같은 전자 제품은 사소한 잔고장이 많은 편으로 A/S가 좋은 회사의 물건일수록 신뢰도가 높아요. 무상 A/S 기간은 업체별, 제품별로 다르나 보통 1년이 평균적이에요.

한국에서는 전자 제품을 사용하다 문제가 생겼을 때 고객 센터에 가서 서비스를 받는 게 어렵지 않아요. 그리고 웬만큼 심각한 고장이 아니라면 그 자리에서 해결할 수 있을 정도로 수리 속도가 매우 신속해요.

그렇지만 고장 나면 번거로우니까 가능하면 조심해서 다루는 것이 좋겠죠?

복습 1

연습 1 맞는 것에 ○ 하세요.

1. 그 회사의 채용 시험 _____ 은/는 20:1이라고 한다.
   ① 경력　　② 능력　　③ 취업률　　④ 경쟁률

2. 학창 시절의 즐거웠던 _____ 을/를 잊을 수가 없다.
   ① 추억　　② 세월　　③ 실연　　④ 취향

3. _____ 을/를 철저히 하지 않으면 과태료를 내야 합니다.
   ① 매립　　② 폐기물　　③ 종량제　　④ 분리배출

4. _____ 은/는 나쁜 생활 습관으로 인해 생기는 경우가 많다.
   ① 예방　　② 복용　　③ 부작용　　④ 성인병

연습 2 문장을 완성하세요.

> 오염되다　　낯설다　　배출하다　　파손되다　　섭취하다

1. 가: 주차되어 있던 차가 왜 _____ (-았/었/했어요?)
   나: 태풍 때문에 식당 간판이 차 위로 떨어졌대요.

2. 가: 지윤 씨는 왜 그렇게 시골을 좋아해요?
   나: 저는 자연이 좋아요. 시골은 공기와 물이 _____ 깨끗하잖아요.
   　　　　　　　　　　　　　　　　　　　　(-지 않아서)

3. 가: 공장의 폐기물을 산과 바다에 무단으로 _____ 회사 이야기 들었죠?
   　　　　　　　　　　　　　　　　　　　(-ㄴ/은)
   나: 네, 정말 화가 났어요. 인간과 자연 모두에게 엄청난 피해를 끼쳤네요.

4. 가: 그 사람은 처음 본 사람인데도 전혀 _____ (-지 않았어요)
   나: 혹시 고향이 같거나 동창생 아닐까요?

5. 가: 건강해지기 위해서 가장 중요한 게 뭐라고 생각해요?
   나: 무엇보다 음식을 골고루 _____ 건강에 좋지요. (-는 것이)

연습 3 문장을 완성하세요.

> -더라도　　-거든　　-았/었/했던
> -ㄴ/은/는 김에　　-았/었/했더니　　-더니　　-는 바람에

1. 가: 공항에 _____ 전화하세요.
   나: 알겠어요. 도착하자마자 전화할게요.

2. 가: 요즘 비타민을 꾸준히 _____ 피로가 사라졌어요.
   나: 역시 뭐든지 꾸준히 먹는 게 중요해요.

3. 가: 노트북에서 이상한 소리가 _____ 작동이 안 되네요.
   나: 소리가 난다고요? 얼른 수리 센터에 가 보세요.

4. 가: 쓰레기 _____ 내 것도 버려 줄래?
   나: 쓰레기 정도는 네가 직접 버려.

5. 가: 죄송합니다. 오는 길에 버스 사고가 _____ 늦었습니다.
   나: 지윤 씨가 탄 버스가 사고가 났어요? 다친 곳은 없어요?

연습 4 문장을 완성하세요.

> -아/어/해 버릇하다　　-고는(곤) 하다　　-기 십상이다
> -더라고요　　-아/어/해 대다
>
> 혼나다　　해 주다　　울다　　혼내다　　나빠지다

가: 수민 씨, 옆 테이블에 아기가 왜 이렇게 1 _____ ?
나: 글쎄요. 아까 저 아이 엄마로 보이는 사람이 아이를 2 _____
가: 그런데 아무리 아이가 잘못을 해도 아이가 우는데 엄마는 쳐다보지도 않네요.
나: 아마 저 엄마는 나름대로 훈육을 하고 있는 게 아닐까요?
　　아이가 해 달라는 것을 다 3 _____ 면 버릇이 4 _____
가: 하긴, 저도 어릴 때 울면 울수록 엄마에게 더 5 _____

06

주요 표현

저는 한국 드라마를 좋아하거든요.

문법

- 형 동 -ㄹ/을 게 뻔하다
- 형 -ㄴ/은데도 불구하고, 동 -는데도 불구하고
- 형 동 -거든(요)

한국 이야기

K-드라마의 5가지 사실

[영화 장르]

액션 영화

코미디 영화

공포 영화

멜로 영화

전쟁 영화

만화 영화

공상 과학 영화(SF영화)

다큐멘터리

[직업]

감독　　작가　　배우/여배우　　아역 배우

[감상]

연기를 잘하다　　배경 음악이 좋다　　영상미가 뛰어나다　　줄거리가 흥미롭다
유쾌하다　　인상적이다　　감동적이다　　웃기다

[영화/드라마]

대사	장면	관객	자막	평점
예고편	반전	상영하다	(재)방송하다	촬영하다
출연하다	역할을 맡다	화제가 되다	시청률이 높다	개봉하다
등장인물	정주행하다	주연	주인공	조연

[기타]

| 연기력 | 가난하다 | 불치병 | 장르 |
| 사투리 | 효과음 | 생동감 | 감옥 |

연습 1 문장을 완성하세요.

> 재방송하다   촬영하다   감동적이다   상영하다   출연하다

1 가: 방금 본 다큐멘터리 정말 _____ (-았/었/했어요)
   나: 맞아요. 특히 마지막 장면은 정말 마음이 아팠어요.

2 가: 나 이번에 새로운 드라마에 _____ (-아/어/해)
   나: 그래? 축하해. 어떤 역할을 맡았어?

3 가: 어? 여기 사람들이랑 카메라가 많네요.
   나: 오후에 '국화꽃'이라는 영화 마지막 장면을 여기에서 _____ (-아/어/해요)

4 가: 요즘 어떤 영화가 볼 만해?
   나: 극장에서 '시간 여행'이라는 영화를 _____ 평점이 꽤 좋더라. (-고 있는데)

5 가: 이 드라마 또 해? 왜 이렇게 자주 _____? (-아/어/해)
   나: 인기가 많아서 그런 거 같아.

연습 2 문장을 완성하세요.

> 줄거리   관객   평점   장면   주인공

얼마 전 코미디 영화가 개봉했다. 이 영화는 1 _____ 에게 좋은 평가를 받고 있다. 그 이유는 영화 속 2 _____ 이/가 하는 재미있는 대사와 각 3 _____ 마다 뛰어난 영상미 덕분이다. 무엇보다도 영화를 보는 내내 영화에 집중시키는 흥미로운 4 _____ 도 많은 사람들이 추천하는 이유 중 하나이다. 이런 재미있는 대사와 배우들의 연기력, 스토리로 영화는 꾸준히 높은 5 _____ 을/를 받고 있다.

어휘 마인드맵

자연스럽다, 사랑스럽다, 부담스럽다 — **-스럽다** — '-스럽다' → 선행 명사와 같은 성질이 있다
* 주로 속성이나 심리 등 추상적인 말에 붙임
자랑스럽다, 만족스럽다, 어른스럽다

문법 ① 형 동 -ㄹ/을 게 뻔하다

가: 새로 시작한 드라마를 보고 있어?
나: 아니. 그 드라마 감독이 김홍준이잖아.
　　재미없을 게 뻔해.

부장님은 우리 제안을 거절할 게 뻔해요.

가: 오늘 로안이 학교에 안 왔네요.
나: 얼마 전에 남자 친구와 헤어졌대요. 어제도
　　술을 마셨을 게 뻔해요.

이런 나쁜 날씨에 외출하면 기분이 상할 게 뻔해요.

> -ㄹ/을 게 뻔하다는 지금까지의 경험을 통해 분명하게 예측할 수 있는 어떠한 상황이나 행위를 이야기할 때 사용합니다. 주로 부정적인 상황에서 사용합니다.

연습 1 문장을 완성하세요.

| 체하다 | 실패하다 | 젖다 | 불합격하다 | 오염되다 |

1. 지금처럼 공부를 안 하면 다음 한국어 시험도 _____
2. 지금처럼 쓰레기를 무분별하게 버리면 환경이 _____
3. 비가 너무 많이 와서 우산을 쓰고 나가도 옷이 _____
4. 그렇게 음식을 급하게 먹으면 _____
5. 그 프로젝트는 진행 상황을 보니까 _____

연습 2 문장을 완성하세요.

1. 가: 나 저녁 안 먹을래.
   나: 또 굶어? 무리하게 다이어트하면 건강을 _____ (해치다)

2. 가: 오늘 날씨가 안 좋네요.
   나: 우산 챙겨 가요. 하늘을 보니까 비가 _____ (오다)

3. 가: 운동한 지 벌써 3시간이 지났네.
   나: 그만하자. 이렇게 운동하면 피로가 _____ (쌓이다)

4. 가: 머리가 또 아파. 약 하나 더 먹어야겠어.
   나: 주의 사항 읽어 봤어? 마음대로 약을 복용하면 부작용이
   _____ (생기다)

연습 3 문장을 완성하세요.

> 살아가다　　　화를 내다　　　좋아하게 되다　　　걸리다

이번에 새로 시작하는 드라마는 돈 많은 남자와 가난한 여자의 사랑 이야기라고 하는데 기획 의도를 보니 어떤 내용일지 상상이 된다. 분명 돈이 많은 남자는 처음에 여자를 싫어하다가 결국 1 _____. 그러면 그 남자의 엄마가 여자를 찾아가 아들을 만나지 말라고 2 _____.
　부모님의 반대에도 불구하고 남자와 아름다운 사랑을 하던 여자는 불치병에 3 _____. 그리고 남자는 평생 그 여자를 잊지 못하면서 혼자 4 _____.

연습 4 문장을 만드세요.

가: 두 사람이 왜 같이 안 왔을까요?
나: 두 사람은 싸웠을 게 뻔해요. 헤어졌을 게 뻔해요.

1

가: 아이가 울어요.
나: _____

2

가: 딱 한 그릇만 더 먹을까?
나: _____

3

가: 김 대리님이 왜 회사에 안 왔지요?
나: _____

 **형**-ㄴ/은데도 불구하고, **동**-는데도 불구하고

가: 수영을 배운 지 오래된 것 같은데 아직도 초급 반이에요?
나: 열심히 하는데도 불구하고 실력이 늘지 않아요.

그 사람은 돈이 많은데도 불구하고 부족하다고 생각한다.

가: 그 드라마 인기가 많지요?
나: 아니요, 유명한 배우가 많이 나오는데도 불구하고 인기는 별로예요.

주인공이 유명한 배우라서 그런지 내용이 재미없는데도 불구하고 관객이 많다.

-ㄴ/은/는데도 불구하고는 선행절을 통해 기대하는 것과 상반되는 내용이 후행절에 이어질 때 사용합니다. 불구하다를 생략하고 사용하기도 합니다. 동사의 경우에 과거형은 -았/었/했는데도 불구하고도 사용합니다.

연습 1 문장을 완성하세요.

| 사랑하다 | 높다 | 흥미롭다 | 좋다 |

1 드라마 내용이 _____ 시청률이 높지 않다.
2 머리가 _____ 공부를 안 해서 성적이 나쁘다.
3 그 사람을 많이 _____ 마음을 고백하지 못하겠다.
4 시청률이 _____ 그 배우를 아는 사람이 많지 않다.

연습 2 알맞은 것을 연결하고 문장을 만드세요.

1 공부를 하지 않았다 •   • 옷을 얇게 입고 왔다
2 커피를 마셨다 •   • 계속 잠이 오다
3 날씨가 춥다 •   • 아직도 여자 친구가 없다
4 소개팅을 여러 번 했다 •   • 감기가 낫지 않았다
5 약을 먹었다 •   • 성적이 좋은 편이다

1 _____
2 _____
3 _____
4 _____
5 _____

문법 3 -거든(요)

가: 이번에 개봉한 영화 봤어?
나: 안 봤어. 액션 영화는 안 좋아하거든.

가: 피곤할 텐데 오늘도 운동 가요?
나: 네, 운동하면 몸이 가벼워지거든요.

-거든(요)는 상대방이 한 질문 또는 자신이 말한 내용에 대해 이유나 생각을 말할 때 사용합니다. 상대방이 알지 못하는 이유를 말할 때 사용하며, 보통 친한 사이에서만 씁니다.

연습 1 문장을 완성하세요.

1 가: 한국에서는 꼭 쓰레기를 분리해서 버려야 해요?
　　나: 네, 그러지 않으면 과태료를 ＿＿＿＿＿＿＿ (내야 하다)

2 가: 그 영화 별로라고 하던데 보려고요?
　　나: 제가 좋아하는 배우가 ＿＿＿＿＿＿＿ (나오다)

3 가: 다음 주에 개봉하는 공포 영화 같이 보러 가요.
　　나: 미안하지만 안 갈래요. 저는 공포 영화가 ＿＿＿＿＿＿＿ (무섭다)

4 가: 그 드라마를 좋아하는 이유가 있어요?
　　나: 줄거리가 충격적이어서 기억에 ＿＿＿＿＿＿＿ (남다)

연습 2 문장을 만드세요.

1 가: 연기를 잘 하는 배우들은 다 나오던데 왜 흥행에 실패한 거예요?
　　나: 내용이 ＿＿＿＿＿＿＿

2 가: 오늘 시간 괜찮으면 우리 잠깐 만나요.
　　나: 미안해요. ＿＿＿＿＿＿＿

3 가: 어제 왜 모임에 안 나왔어요?
　　나: ＿＿＿＿＿＿＿

4 가: 병원에 다녀왔다고 들었어요.
　　나: ＿＿＿＿＿＿＿

★ **도와줘요, 메리!**

-거든 vs -거든(요)

1과에서 배운 **거든**은 문장 중간에서만 사용하고 뒤 내용에 대한 조건을 말할 때 사용합니다.

예 가: 식당에 **도착하거든** 전화하세요!
　　나: 네, 알겠어요!

6과에서 배운 **거든(요)**는 문장 끝에서만 사용하고 상대방이 알지 못하는 내용이나 이유를 말할 때 사용합니다.

예 가: 어제 수업에 왜 안 갔어?
　　나: 어제 좀 많이 **아팠거든**.
　　가: 아 진짜? 약은 먹었어?

대화문

켈리: 지훈아, 이번 방학에 뭐 할 거야?

지훈: 드라마 정주행할 거야. 예전부터 보고 싶었던 드라마가 있**거든**.

켈리: 정주행? 그게 뭐야?

지훈: 드라마나 영화의 시리즈를 처음부터 끝까지 보는 걸 말해.

켈리: 그렇구나. 근데 무슨 드라마를 보려고?

지훈: 얼마 전에 끝난 드라마인데 친구가 추천해 줬어. 배우 이종우와 김혜미가 출연해.

켈리: '시작'이라는 드라마 말하는 거지? 나도 예고편을 봤어. 남녀 주인공의 신분 차이가 엄청**난데도 불구하고** 결국 사랑을 이루는 내용인 것 같던데.

지훈: 응. 재미있을 것 같아서 기대가 돼.

켈리: 글쎄, 난 별로야. 그 작가의 드라마는 항상 새드앤딩**이거든**. 이번에도 주인공이 병에 걸릴 **게 뻔해**.

지훈: 그런가? 그럼 내가 먼저 보고 이야기해 줄게.

연습 1 대화문에 대해 답하세요.

1 지훈의 방학 계획은 무엇입니까?

2 지훈의 친구가 추천한 드라마에 누가 나옵니까?

3 드라마 '시작'은 어떤 내용입니까?

연습 2 여러분에 대해 답하세요.

1 기억에 남는 한국 드라마가 있습니까?

2 드라마를 볼 때 무엇을 가장 중요하게 생각합니까?

말하기

연습 1 친구와 묻고 답하세요.

보기

가: 귀찮아도 꼭 하는 일은 무엇이에요?
나: 귀찮은데도 불구하고 숙제는 꼭 해요.

1
가: 비싸지만 꼭 사는 물건이 있어요?
나: 네,

2
가: 푹 잤는데도 졸리면 어떻게 해요?
나:

연습 2 친구와 묻고 답하세요.

보기
가: 어떤 드라마 을/를 자주 봐요?
나: 저는 멜로 드라마 을/를 자주 봐요.
가: 그래요? 멜로 드라마 을/를 자주 보 는 이유가 있어요?
나: 네, 드라마 속 주인공이 된 것 같은 느낌이 들거든요.

1. 가: 영화, 좋아하다 / 만화 영화, 좋아하다
   나: 만화 영화, 좋아하다 / 만화 영화를 보고 있으면 마음이 따뜻해지다

2. 가: 운동, 자주 하다 / 스피닝, 자주 하다
   나: 스피닝, 자주 하다 / 운동량이 많아서 스트레스가 확 풀리다

3. 가: 취미 활동, 즐겨하다 / 꽃꽂이, 즐겨하다
   나: 꽃꽂이, 즐겨하다 / 꽃을 보고 있으면 마음이 편안해지다

4. 가: /
   나: /

연습 3 친구와 묻고 답하세요.

보기

가: 무슨 영화를 좋아해요?
나: 저는 <u>코미디 영화</u>를 좋아해요. <u>기분이 안 좋을 때 보면 웃다가 스트레스가 풀리거든요.</u>
가: 그래요? 지금까지 본 영화 중에서 추천해 줄 영화가 있어요?
나: 네, 혹시 <u><나도 웃기다></u>를 봤어요?
가: 아니요, 안 봤어요. 어떤 내용이에요?
나: <u>직업이 코미디언인 두 주인공이 같은 프로그램에 출연하면서 경쟁하는 내용이에요.</u>
가: 줄거리를 들어 보니까 재미있을 것 같아요.
나: 한번 보세요. 저도 얼마 전에 봤는데 <u>정말 재미있더라고요.</u>
가: 네, 알겠어요. 그런데 누가 출연해요?
나: <u>박기철하고 김철수가 출연해요.</u>

좋아하는 장르:	코미디 영화	좋아하는 장르:	
좋아하는 이유:	기분이 안 좋을 때 보면 웃다가 스트레스가 풀린다.	좋아하는 이유:	
영화 제목:	<나도 웃기다>	영화 제목:	
줄거리:	직업이 코미디언인 두 주인공이 같은 프로그램에 출연하면서 경쟁하는 내용	줄거리:	
느낌:	정말 재미있다.	느낌:	
출연하는 배우:	박기철, 김철수	출연하는 배우:	

연습 4 친구와 묻고 답하세요.

1 여러분은 드라마나 영화를 선택할 때 무엇을 중요하게 생각합니까?
2 요즘 여러분 나라에서 인기가 있는 드라마는 무엇입니까?
3 그 드라마는 어떤 내용입니까?
4 드라마에 출연하는 배우는 누구입니까?
5 좋아하는 배우는 누구입니까?
6 그 배우를 좋아하는 이유는 무엇입니까?
7 그 배우가 출연한 작품 중에서 추천해 주고 싶은 작품은 무엇입니까?

연습 1 대화를 듣고 답하세요.

1 맞는 것에 ○ 하세요.

① 남자는 멜로 영화는 싫어한다.
② 남자는 한국어가 어려워서 쉬운 영화를 보고 싶다.
③ 사투리는 한국 사람들이 많이 사용해서 도움이 된다.
④ 여자는 자막을 켜고 보는 것도 공부에 도움이 된다고 생각한다.

2 여자는 대화가 끝난 후에 무엇을 할 겁니까?

① 남자와 함께 영화를 본다.
② 친구에게 영화를 보자고 문자를 보낸다.
③ 남자에게 추천해 줄 영화를 찾는다.
④ 영화를 보면서 한국어 공부를 한다.

연습 2 강연을 듣고 답하세요.

1 무엇에 대해서 이야기하고 있습니까?

① 새로 시작하는 드라마
② 드라마 음악과 효과음
③ 드라마 음악을 만드는 방법
④ 드라마 주인공

2 틀린 것에 ○ 하세요.

① 드라마 음악은 시청을 방해할 때가 많다.
② 드라마 효과음은 그 장면에 더 집중하게 한다.
③ 드라마 효과음은 이야기를 더 흥미롭게 만든다.
④ 드라마 음악은 주인공의 감정을 전달하기도 한다.

읽기와 쓰기

연습 1 글을 읽고 질문에 답하세요.

개봉: 20XX.08.04
등급: 15세 관람가
장르: 공포
감독: 박기순
주연: 이종우
제작 국가: 대한민국
상영 시간: 104분
평점: 8.71/10 (성별: 남자 43%, 여자 57%)
줄거리: 조용한 마을에 이사 온 가족. 그런데 밤마다 이상한 소리가 들린다. 마을의 비밀을 알아 가며 어둠에 맞서는데...

관객 한 줄 평가

악!무섭 ★★★★☆ 9.5/10
마지막까지 두근거리는 심장, 반전까지 완벽한 영화

공포뿐 ★★★★★ 9.0/10
올여름 최고의 공포 영화, 놓치면 후회할 게 뻔하거든요.

1 맞는 것에 ◯ 하세요.

① 이 영화는 여자보다 남자가 더 많이 봤다.
② 이 영화는 15세 이상 청소년은 볼 수 없다.
③ 이 영화의 주인공 역할은 박기순 배우가 맡았다.
④ 이 영화는 관객들이 예상하지 못한 반전이 있다.

2 질문에 답하세요.

① 영화 '집에 가는 길'은 어떤 장르입니까?
② 영화 '집에 가는 길'은 언제부터 볼 수 있습니까?

연습 2 글을 읽고 답하세요.

내가 최근에 본 드라마 중에서 인상적이었던 것은 '슬기로운 감빵생활'이라는 드라마다. 친구가 재미있고 감동적이라고 추천해서 이 드라마를 보게 되었다. 드라마 장르는 코미디이지만 웃기기만 한 드라마가 아니라 주인공의 인생, 친구와의 우정, 사랑을 담은 드라마다.

드라마의 배경은 주로 감옥 안이다. 주인공인 '김제혁'은 유명한 야구 선수이다. 고등학교 시절, 제혁은 교통사고로 감독님을 잃고 부상을 입게 된다. 야구를 그만두라고 의사 선생님이 말리는데도 불구하고 그는 부상을 이겨 내고 다시 야구를 계속한다. 그러던 중 제혁은 위암에 걸려 힘든 치료를 받게 되지만 야구를 그만두지 않는다. 어떤 일이 있어도 이겨내고 노력한 그는 팬들과 대중에게 노력과 끈기의 상징이 되었고, 불사조라는 별명도 얻게 되었다. 그런데 어느 날, 김제혁은 뜻하지 않은 사고로 감옥에 들어가게 된다. 김제혁과 같은 방에서 지내는 여러 사람들이 만들어가는 이야기가 '슬기로운 감빵생활'의 줄거리다. 드라마 속 매력적인 인물들의 이야기는 마치 내 친구의 이야기를 보는 것 같고 우리의 인생에 관한 이야기 같기도 하다.

이 드라마 속 감방은 현실과 거리가 있을 게 뻔하다. 그래도 기억에 남는 이유는 모든 캐릭터의 이야기를 따뜻하게 잘 그렸기 때문이다. 나는 인생의 선택과 책임 사이에서 아파하고 힘들어하는 사람들에게 도움이 될 것 같아서 이 드라마를 추천하고 싶다.

1 드라마 속 주인공의 이름은 무엇입니까?

2 맞는 것에 ◯, 틀린 것에 ✕ 하세요.

① 김제혁은 힘든 일을 이겨내고 포기하지 않았다. ( )
② 김제혁은 사람들이 알아주지 않는 야구 선수이다. ( )
③ 이 드라마의 등장인물들은 모두 특별한 사람들이다. ( )
④ 이 드라마는 실제 있었던 사건을 배경으로 만들어졌다. ( )

3 이 드라마를 추천하는 이유는 무엇입니까?

연습 3 다음 질문에 대해 생각하고 225페이지에 글을 쓰세요.

- 지금까지 본 영화/드라마 중에서 가장 기억에 남는 것은 무엇입니까?
- 가장 기억에 남는 장면은 무엇입니까?
- 영화를 보고 난 후 무엇을 느꼈습니까?

한국 이야기

영상을 보고 한국 드라마에 대해 더 알아보세요!

K-드라마의 5가지 사실

처음 본 한국 드라마를 기억하나요? 어느 드라마였나요? K-드라마의 열렬한 팬이든 아니면 한국 텔레비전을 가끔 즐기는 사람이든, 여기에 한국 드라마에 대한 5가지 사실이 있습니다.

1. 대한민국에서 첫 번째 방송된 드라마는 1956년에 방영된 '천국의 문'이었지만, 한국에서 텔레비전 드라마가 인기를 얻기 시작한 것은 1990년대부터였어요.

2. 한국 텔레비전에서 가장 많이 시청된 평일 드라마의 기록은 '그대 그리고 나'가 가지고 있으며, 마지막 회의 시청률은 66.9%였어요.

3. 최근 전 세계적으로 한국 드라마의 인기가 상승하고 있기 때문에 드라마를 제작하고 배급을 준비하는 데에 긴 시간이 걸려요. 또한, 각 지역에 맞는 편집과 번역을 고려할 필요가 있어요. 이 때문에, 한국 드라마의 촬영은 방송하기 몇 달 전에 끝나요. 그러나, 항상 그렇지는 않았어요. 옛날에, 한국 드라마가 넷플릭스와 같은 OTT에서 방영되기 전에는 방송이 예정된 당일에 촬영과 편집을 마쳤어요.

4. 한국은 세계에서 가장 엄격한 방송 시각 검열 법을 가지고 있어요. 화면에 피, 칼, 담배와 같은 것들이 나올 수 있지만 반드시 블러처리되어야 해요. 과도한 피부 노출과 깊은 키스 장면은 공중파 텔레비전 방송에서는 허용되지 않아요.

5. 요새 점점 인기를 더 끌고 있는 한국 드라마의 장르는 사극이에요. 사극은 과거를 배경으로 찍은 드라마이며, 많은 사극 드라마는 실제 역사적 인물이나 상황을 기반으로 하는데 항상 그런 것은 아니에요. 가장 유명한 사극 드라마 두 편은 '대장금'과 '해를 품은 달'이에요.

07

주요 표현
호랑이도 제 말 하면 온다더니 지민 씨가 웬일이에요?

문법
동-기 마련이다
형-다고 하더니, 동-ㄴ/는다고 하더니, 명(이)라더니
동-ㄴ/은/는 대로, 명대로

한국 이야기
호랑이와 관련된 속담

어휘 및 표현

[속담]

오늘 사람이 별로 없을 줄 알았는데 사람이 많네요.
가는 날이 장날이다

열쇠가 어디 있더라...
등잔 밑이 어둡다

열심히 쌓은 탑은 절대 무너지지 않아요.
공든 탑이 무너지랴

어렸을 때 생긴 버릇이 어른이 된 지금도 남아 있어요.
세 살 버릇 여든까지 간다

고장 난 물건을 고치는 일은 저한테 아주 쉬운 일이에요.
식은 죽 먹기

발표를 잘하는 신이 씨도 실수할 때가 있네요.
원숭이도 나무에서 떨어질 때가 있다

작은 돈도 매일 모으다 보면 언젠가 큰돈이 될 거예요.
티끌 모아 태산

저기 완 씨가 와요.
근데 완 씨가요...
호랑이도 제 말 하면 온다

아무리 힘든 일도 참고 견디면 좋은 결과가 있을 거예요.
고생 끝에 낙이 온다

언제 어디서든 듣고 있는 사람이 있을 수도 있어요.
낮말은 새가 듣고 밤말은 쥐가 듣는다

[기타]

| 속담 | 교훈 | 버릇 | 실수 | 험담(하다) | 웬일 |
| 담겨 있다 | 손톱을 물어뜯다 | 이별 | 남을 욕하다 | 곤란하다 | 가치관 |

연습 1 다음 의미에 알맞은 속담을 연결하세요.

1. 최선을 다하고 노력한 일은 결과도 좋을 것이라는 의미예요. • • 식은 죽 먹기

2. 어떤 것을 아주 잘하는 사람도 실수를 할 때가 있다는 의미예요. • • 티끌 모아 태산

3. 어떤 일을 아주 쉽게 한다는 의미예요. • • 공든 탑이 무너지랴

4. 아무리 작은 것이라도 계속 모으면 나중에 큰 것이 될 것이라는 의미예요. • • 낮말은 새가 듣고 밤말은 쥐가 듣는다

5. 어느 곳에서나 그 자리에 없는 사람에 대해서 나쁜 말을 하면 안 된다는 의미예요. • • 원숭이도 나무에서 떨어질 때가 있다

연습 2 대화를 보고 알맞은 속담을 쓰세요.

1. 가: 오늘 도서관 간다고 하지 않았어요?
   나: 오랜만에 책도 좀 빌릴 겸 아침 일찍 갔는데 오늘이 정기 휴관일이더라고요.

2. 가: 손톱 물어뜯는 버릇을 고치고 싶은데 쉽게 안 고쳐져요.
   나: 원래 나쁜 버릇은 더 고치기 어려운 것 같아요.

3. 가: 같이 일하는 동료가 일을 너무 못해서 짜증 나.
   나: 누가 들으면 어쩌려고. 어디에서든 말 조심해야 돼.

4. 가: 오늘 하루 종일 휴대폰을 찾느라 고생했는데 글쎄 제 주머니에 있었던 거 있죠?
   나: 아이고…

5. 가: 슬기 씨가 대기업에 입사했대요.
   나: 등록금 때문에 아르바이트를 2~3개씩 하면서 공부하더니 잘됐네요.

문법 ① 동-기 마련이다

SCAN FOR VIDEO

가: 한국어를 잘 못해서 한국어로 말할 때 실수한 적이 많아요.
나: 누구나 처음에는 실수하기 마련이에요.

누구나 나이를 먹기 마련이다.

가: 아직 한국 생활이 익숙하지 않아. 언제쯤 한국 생활에 익숙해질까?
나: 시간이 지나면 익숙해지기 마련이니까 너무 걱정하지 마.

겨울이 지나면 봄이 오기 마련이다.

-기 마련이다는 어떤 일이 일어나거나 어떤 상태가 되는 것이 당연하다는 것을 나타낼 때 사용합니다. **-게 마련이다**로 사용할 수도 있습니다.

연습 1 문장을 완성하세요.

1. 물건은 오래 쓰면 _____ (고장 나다)
2. 누구나 처음 하는 일은 _____ (낯설다)
3. 이별의 아픔도 시간이 지나면 _____ (잊히다)
4. 최선을 다하면 후회가 _____ (없다)
5. 외국어를 완벽히 습득하기까지는 시간이 _____ (걸리다)

연습 2 문장을 완성하세요.

1. 가: 사랑이 변하는 게 말이 돼요?
   나: 사람도 사랑도 _____ (이에요)

2. 가: 많은 사람들 앞에서 실수해서 너무 창피해요.
   나: 원숭이도 나무에서 떨어진다는데 누구나 한 번쯤은 _____
   (-잖아요)

3. 가: 회사 사람들이 저를 싫어하면 어떡하죠?
   나: 나를 좋아하는 사람이 있으면 _____ 너무 스트레스받지 마세요.
   (-(으)니까)

4. 가: 이렇게까지 시험공부를 열심히 해 본 적이 없는 것 같아요. 그래서 시험에 떨어졌지만 후회는 없어요.
   나: 최선을 다하면 후회가 _____ (-죠)

5. 가: 옛날에 친했던 친구들과 졸업하고 나서 연락을 안 했더니 사이가 멀어진 것 같아요.
   나: 아무리 친한 친구였더라도 오래 떨어져서 지내면 _____ (이에요)

 ② 형-다고 하더니, 동-ㄴ/는다고 하더니, 명(이)라더니

 오늘은 날씨가 맑겠습니다.

 뭐야, 날씨가 맑다고 하더니 비가 오네.

가: 켈리 대리님이 안 보이네요? 어디 갔어요?
나: 아까 일이 있어서 일찍 퇴근한다더니 벌써 갔나 봐요.

가: 어, 휴대폰이 어디 갔지?
나: 등잔 밑이 어둡다더니 바로 앞에 있잖아요.

-다고 하더니, -ㄴ/는다고 하더니, (이)라더니는 전에 들어서 알고 있는 사실을 말하면서 그와 관련되거나 반대되는 내용을 말할 때 사용합니다. 보통 **-다더니**로 줄여 사용합니다. 속담이나 격언 등을 인용할 때도 사용할 수 있습니다. 주어가 1인칭일 경우에는 사용할 수 없습니다.

연습 1 문장을 완성하세요.

1. "10분 후에 도착해."
   → _____ 왜 안 와요?

2. "주말에 시간이 돼."
   → 친구가 _____ 연락이 없네요.

3. "오후부터 기온이 떨어지겠습니다."
   → _____ 하나도 안 추운데요?

4. "이 영화는 줄거리가 흥미롭습니다."
   → _____ 정말 재미있더라고요.

연습 2 알맞은 속담과 연결하고 문장을 완성하세요.

1. 가는 날이 장날이다 • • 지수 씨가 저기 오네요.
2. 티끌 모아 태산이다 • • 가게가 쉬는 날이더라고요.
3. 호랑이도 제 말 하면 온다 • • 벌써 돈을 이만큼이나 모았어요.

1. _____
2. _____
3. _____

연습 3 문장을 완성하세요.

1 〔불면증에는 이 약이 효과적이에요.〕
가: 지난번에 얘기했던 약은 먹어 봤어요?
나: 네. _____
그 약 먹고 정말 잘 잤어요.

2 〔한국 사회는 경쟁이 심해요.〕
가: 한국 사회는 어떤 것 같아요?
나: _____
정말 그런 것 같아요. 다들 스펙을 쌓기 위해 바쁘게 살아요.

3 〔이 일은 나한테 식은 죽 먹기지.〕
가: _____
아직도 안 끝났어?
나: 어... 생각보다 오래 걸리네.

4 〔내일까지 바빠서 모임에 못 갈 것 같아.〕
가: 어? _____
어떻게 왔어?
나: 생각보다 일이 일찍 끝나서 왔어.

5 〔난 꼭 한국에서 취직할 거야.〕
가: 왕이 씨가 드디어 취직을 했대요.
나: _____
진짜 했네요. 정말 대단해요.

연습 4 친구와 묻고 답하세요.

보기
한국 사람들은 성격이 급하**다더니** 정말 그런 것 같아요. 뭐든 빨리 빨리 처리해야 하고 인터넷이 조금만 느려도 못 참는 것 같아요. 그런데 그런 급한 성격 때문에 한국이 빨리 발전하게 된 것 같아요.

〔한국어는 배울수록 어려워요.〕
〔한국 사람들은 성격이 급해요.〕
〔한국 사람들은 정이 많아요.〕
〔한국은 물가가 비싸요.〕
〔한국 사회는 경쟁이 심해요.〕

1 한국 사람/한국 사회/한국 음식에 대해 어떤 이야기를 들었습니까?
그것에 대해 어떻게 생각합니까?

2 최근에 본 영화나 드라마가 있습니까? 그것에 대해 어떤 이야기를 들었습니까?
실제로 보니까 어땠습니까?

문법 3 동-ㄴ/은/는 대로, 명대로

제가 발음하는 대로 따라 하세요. '아~'
아~

가: 여기 쓰여 있는 대로 똑같이 쓰세요.
나: 네, 알겠습니다.

설명서에 있는 순서대로 따라서 하면 돼요.

하고 싶은 일이 있으면 마음대로 하세요.

-ㄴ/은/는 대로, 대로는 앞의 행동과 똑같이 뒤의 행동을 한다는 의미를 나타낼 때 사용합니다. 동사의 경우 과거형은 -ㄴ/은 대로, 현재형은 -는 대로로 사용합니다. 명사와 함께 사용할 때에는 '그 명사가 가리키는 의미와 같다', '그 의미를 따르다' 라는 의미로 사용됩니다.

연습 1 문장을 완성하세요.

1 가: 새해 계획은 잘 지키고 있어?
   나: 그럼. _____ 잘 지키고 있지. (계획하다)

2 가: 떡볶이를 만드는 법이 책에 나와 있나요?
   나: 네, 책에 _____ 똑같이 만들면 돼요. (나와 있다)

3 가: 저는 한국으로 유학을 가고 싶은데 부모님께서는 못 가게 하세요.
   나: 마이크 씨 인생이잖아요. 마이크 씨가 _____ 하면 되죠.
                                              (원하다)

4 가: 쓰레기를 어떻게 분리해서 버려야 해요?
   나: 쓰레기 종량제 봉투에 써 있을 거예요. 거기 _____ 하세요.
                                                    (써 있다)

연습 2 문장을 완성하세요.

1 가: 남자 친구가 담배를 끊겠다는 약속을 지켰어요?
   나: 네. _____ 담배를 끊었어요.

2 가: 어제 축구 경기는 어느 팀이 이겼어요?
   나: _____ 한국 팀이 이겼어요.

3 가: 사고 현장에서 _____ 말씀해 주시면 됩니다.
   나: 네. 저 사람이 길을 건너고 있는데 갑자기 오토바이가 와서 부딪혔어요.

신이: 요즘 제가 한국 속담을 공부하고 있는데 이해가 안 되는 것이 많아요.
켈리: 속담은 상황을 비유적으로 나타내기 때문에 외국인이 그 의미를 이해하기가 어렵기 마련이죠.
신이: 맞아요. 단어의 의미를 안다고 해도 속담의 의미를 알기가 어렵더라고요. 어제는 지민 씨랑 밥을 먹으러 갔는데 그 식당이 공사 중이라 닫혀 있는 거예요. 그런데 지민 씨가 '가는 날이 장날이라더니 공사를 하네요.' 라고 해서 제가 오늘 장날이냐고 물어봤더니 지민 씨가 웃더라고요.
켈리: 진짜 장날인 줄 알았어요?
신이: 네. 그래서 '장날이라서 쉬는 게 아니라 공사 중이라서 쉬는 거 아니에요?' 라고 물어보니까 지민 씨가 의미를 알려 줬어요.
켈리: 그렇군요. 그럼 혹시 '호랑이도 제 말 하면 온다' 라는 속담도 알아요?
신이: 아니요. 호랑이가 왜 와요?
켈리: 우리가 어떤 사람에 대해서 이야기하고 있는데 그 사람이 딱 나타났을 때 '호랑이도 제 말 하면 온다'라고 말해요.
지민: 어, 다들 여기 있었네요?
신이: 호랑이도 제 말 하면 온다더니 지민 씨가 여긴 웬일이에요? 이렇게 쓰는 거 맞아요?
켈리: 하하하. 네, 가르쳐 준 대로 잘 썼어요.

연습 1 대화문에 대해 답하세요.

1 신이는 요즘 무엇을 배우고 있습니까?

2 어떤 상황에서 '가는 날이 장날이다'라는 속담을 사용했습니까?

3 '호랑이도 제 말 하면 온다'라는 말은 언제 사용합니까?

연습 2 여러분에 대해 답하세요.

1 여러분은 속담을 자주 사용합니까?

2 여러분 나라에도 '호랑이도 제 말 하면 온다'와 비슷한 속담이 있습니까?

 말하기

연습 1 친구와 이야기해 보세요.

가: 남자 친구랑 헤어졌어요. 그 사람을 금방 잊을 수 있을까요?

나: 처음에는 힘들겠지만 시간이 지나면 다 잊혀지기 마련이에요.

고민	위로
1 회사에서 실수를 가끔 한다.	누구나 다 가끔 실수한다.
2 한국 생활이 힘들어서 고향으로 돌아가고 싶다.	낯선 곳에서 적응하는 일은 힘들다.
3 직장 동료들이 나에 대해서 험담하는 것 같다.	어디든지 남을 욕하는 사람이 있다.
4	

연습 2 친구와 묻고 답하세요.

보기
가: 취업 준비를 한 다더니 잘 되고 있어요?
나: 선배들이 하라 는 대로 열심히 하고 있어요.
가: 포기하지 않고 계속 노력하면 언젠가 좋은 결과를 얻 기 마련이니까 힘내세요.

1 가: 취업 준비를 하다 / 좋은 결과를 얻다
  나: 선배들이 하라고 하다

2 가: 한국어 시험을 준비하다 / 자격증을 꼭 따다
  나: 선생님께서 가르쳐 주다

3 가: 한국 요리를 배우고 있다 / 실력이 좋아지다
  나: 요리 영상에서 알려주다

4 가: _____ / _____
  나: _____

연습 3 친구와 묻고 이야기해 보세요.

보기
가: 직장 동료가 자꾸 상사의 험담을 하는데 그럴 때마다 너무 곤란해요.
나: 누군가의 험담을 하는 사람은 다른 사람한테도 험담을 하기 마련인데 ○○ 씨도 조심하세요.
가: 네, 그래서 저는 보통 듣기만 하거나 다른 이야기를 하려고 해요.
나: 그게 좋은 것 같아요. 저도 전에 친구가 다른 친구 욕을 한 적이 있는데 낮말은 새가 듣고 밤말은 쥐가 듣는다더니 누군가 그 얘기를 듣고 그 친구에게 이야기를 해서 친구와 사이가 멀어진 적이 있어요.

상황	조언
1 직장 동료가 자꾸 직장 상사의 험담을 한다.	낮말은 새가 듣고 밤말은 쥐가 듣는다.
2 오랫동안 공무원 시험을 준비하다가 힘들어서 포기하려고 한다.	고생 끝에 낙이 온다.
3 긴장했을 때 입술을 물어뜯는 버릇이 있다.	세 살 버릇 여든까지 간다.
4 1년 동안 잠도 못자고 준비한 프로젝트 발표를 잘 못할까 봐 걱정이다.	공든 탑이 무너지랴.
5 아르바이트를 해서 대학원 등록금을 모을 수 있을지 걱정이다.	티끌 모아 태산.

연습 4 친구와 이야기해 보세요.

1 여러분이 경험한 일에 대해 위의 속담을 사용해서 말해 보세요.

보기
제가 고향에서 대학교를 다닐 때 우리 학교로 어학연수를 온 한국 사람이 있었어요. 우리는 친구가 돼서 친하게 지냈는데 1년 뒤에 이 친구가 한국으로 돌아가고 저는 한국으로 유학을 오게 됐어요. 우리는 계속 이메일과 SNS로만 연락을 하면서 언제 한 번 만나자고 했어요. 그런데 등잔 밑이 어둡다더니 이 친구가 바로 제 아래 집에 살고 있었던 거예요. 우리는 너무 오랜만에 만나서 그날 하루 종일 이야기를 하다가 밤을 샐 뻔했어요.

2 여러분 나라에도 한국 속담과 비슷한 속담이 있나요? 그 속담에 대해 이야기해 보세요.

 듣기

연습 1 강의를 듣고 답하세요.

1 틀린 것에 ◯ 하세요.

① 속담은 재미와 교훈을 준다.

② 여자는 속담을 조심해서 사용해야 한다고 했다.

③ 속담을 사용하면 이야기를 효과적으로 전달할 수 있다.

④ 여자는 다른 사람을 험담하는 것을 조심해야 한다는 속담을 소개했다.

2 '낮말은 새가 듣고 밤말은 쥐가 듣는다'는 무슨 의미입니까?

_____

3 '낮말은 새가 듣고 밤말은 쥐가 듣는다'와 의미가 비슷한 속담을 ◯ 하세요.

① 우물 안 개구리   ② 발 없는 말이 천리를 간다   ③ 소 잃고 외양간 고친다

연습 2 대화를 듣고 답하세요.

1 맞는 것에 ◯, 틀린 것에 ✕ 하세요.

① 사나는 한국 회사에 지원했지만 떨어졌다.   (   )

② 사나가 지원한 회사는 경쟁률이 높았다.   (   )

③ 사나가 취업 준비를 할 때 지훈이가 조언을 해 줬다.   (   )

④ 사나가 매일 카페에 가서 열심히 준비했다.   (   )

2 사나의 상황에 맞는 속담에 ◯ 하세요.

① 식은 죽 먹기

② 가는 날이 장날이다

③ 공든 탑이 무너지랴

④ 원숭이도 나무에서 떨어질 때가 있다

읽기와 쓰기

연습 1 글을 읽고 질문에 답하세요.

"기업 인턴십 구하기, 하늘의 별 따기"

대학교 3학년인 김지민 학생은 휴학을 하고 인턴십 프로그램을 알아보고 있다. 취업난으로 인해 취직이 어렵다 보니 스펙을 쌓을 겸 기업에서 인턴으로 일을 해 보려고 하는데 자리를 구하는 것이 쉽지 않다는 것이다. 김지민 학생은 "요즘 인턴으로 일하기가 <u>하늘의 별 따기</u>라더니 정말 그런 것 같다"며 지금까지 인턴 공고가 난 5개 회사에 지원을 했는데 모두 떨어졌다고 한다. 취업 준비를 하는 다른 학생들도 취직하는 것 만큼 인턴십 프로그램에 지원해서 합격하는 일도 아주 어렵다고 말했다. 한 취업 준비생은 "대기업에 인턴 공고가 나면 경쟁률이 너무 세서 학점뿐만 아니라 자격증 등 스펙이 아무리 좋아도 떨어지는 경우가 많은 것 같다"고 말했다. 이에 대해서 김지민 학생은 "인턴십을 한다고 해서 그 회사에 취직을 할 수 있는 것도 아닌데 인턴을 하는 일도 이렇게 어렵다면 나중에 취직을 할 수 있을지 정말 걱정이 된다"고 했다. 그러면서 "취업난으로 고생하고 있는 사람들을 위해 기업들이 취업 준비생들에게 업무 경험을 쌓을 수 있는 기회를 더 많이 제공하겠다고 약속한 대로 그 약속을 꼭 지켰으면 좋겠다"고 말했다.

1 맞는 것에 ◯, 틀린 것에 ✕ 하세요.

① 김지민 학생은 5번째 지원한 회사에 합격했다. ( )

② 기업에 인턴으로 들어가는 게 취직하는 것보다 쉽다. ( )

③ 스펙이 좋은 학생들은 무조건 인턴으로 일할 기회를 얻을 수 있다. ( )

④ 기업들은 업무 경험을 쌓을 수 있는 기회를 제공하겠다고 약속했다. ( )

2 밑줄 친 말의 의미로 맞는 것에 ◯ 하세요.

① 하늘에 있는 별을 따는 것처럼 힘든 일이다.

② 하늘에 있는 별을 딴 것처럼 어떤 일을 성공했다.

③ 하늘에 있는 별을 따는 것은 인생에 도움이 안 된다.

④ 하늘에 있는 별을 따기 위해서는 돈을 많이 모아야 한다.

연습 2 글을 읽고 질문에 답하세요.

> 작은 것을 모아 큰 것을 이루었을 때 '티끌 모아 태산'이라는 속담을 사용하지요? 그런데 요즘 20, 30대 젊은 사람들 사이에서 '티끌 모아 티끌'이라는 신조어가 유행하고 있다고 합니다.
>
> '티끌 모아 태산'이라는 속담을 바꿔서 만든 말인데 적은 돈을 아무리 모아도 그 돈으로 살 수 있는 것이 별로 없기 때문에 여전히 티끌처럼 작다고 생각하는 것입니다. 예를 들어, 집을 사기 위해 적은 돈이지만 열심히 돈을 모읍니다. 그런데 집값이 너무 비싸기 때문에 모은 돈으로는 집을 살 수 없습니다. 그래서 많은 20, 30대 젊은 사람들이 부모님 세대가 하던 대로 미래를 위해 돈을 모으기보다는 지금 이 순간을 즐기며 돈을 쓰는 것이 낫다고 생각하게 된 것입니다. 시대가 변하면서 삶의 방식이나 가치관도 달라지고 이러한 변화가 속담에도 반영돼서 '티끌 모아 티끌'과 같은 신조어가 만들어진 것이 아닌가 합니다.
>
> 그렇다면 여러분들은 '티끌 모아 태산'과 '티끌 모아 티끌' 중 어느 것에 더 공감이 갑니까? 같은 돈을 벌더라도 저축을 많이 하는 사람도 있고 저축할 돈이 없는 사람도 있는 것처럼 돈은 쓰기 나름입니다. 여러분은 미래를 위해 현재 돈을 절약해야 한다고 생각합니까? 아니면 '티끌 모아 티끌'이기 때문에 현재 내가 하고 싶은 것을 위해 돈을 아끼지 말고 써야 된다고 생각합니까?

1 틀린 것에 ○ 하세요.

① '티끌 모아 티끌'은 신조어이다.

② '티끌 모아 티끌'은 '티끌 모아 태산'보다 더 오래된 말이다.

③ 20, 30대들은 미래보다 현재의 삶을 더 중요하게 생각하기도 한다.

④ 속담을 바꿔서 사용하는 이유는 시대가 바뀌면서 가치관도 달라지기 때문이다.

2 '티끌 모아 티끌' 어떤 의미입니까?

3 '티끌 모아 태산'과 '티끌 모아 티끌'에 대한 여러분의 생각을 말해 보세요.

연습 3 다음 질문에 대해 생각하고 226페이지에 글을 쓰세요.

- 한국 속담 중에 가장 좋아하는 속담이 무엇입니까? 왜 좋아합니까?
- 그 속담의 의미는 무엇입니까?
- 그 속담은 언제, 어떻게 사용합니까? 속담의 의미와 사용 상황, 사용 방법에 대해 쓰세요.

한국 이야기

영상을 보고 한국 속담에 대해 더 알아보세요!

호랑이와 관련된 속담

한국 문화에 대해 이야기할 때 빠질 수 없는 동물이 있다면 바로 호랑이일 거예요. 한국에는 산이 많아서 옛날에는 호랑이가 아주 많이 살았대요. 그런데 이 호랑이가 종종 마을로 내려오기도 하다 보니 전래동화나 그림에도 호랑이가 자주 등장해요. 또 속담에도 호랑이가 자주 등장하는데, 호랑이와 관련된 속담을 몇 가지 소개해 볼게요.

호랑이도 제 말 하면 온다

어떠한 자리에 때마침 화제에 오른 사람이 나타난다는 뜻으로, 함부로 다른 사람의 흉을 보면 안 된다는 뜻을 담고 있기도 해요.

호랑이에게 물려가도 정신만 차리면 산다

아무리 위험한 상황이 되어도 정신을 차리고 침착하게 행동하면 빠져나올 수 있다는 말이에요.

호랑이 굴에 가야 호랑이 새끼를 잡는다

어떠한 일에 성과를 얻으려면 그에 마땅한 일을 해야 한다는 뜻이에요. 꼭 해야 할 일이 있다면 피하지 말고 도전하라는 뜻이 담겨 있어요.

SCAN FOR AUDIO

주요 표현
인스타그램에서 예약이 될지도 몰라요.

문법
- 형 -ㄴ/은 듯하다, 동 -는 듯하다, 명 인 듯하다
- 동 -느니 차라리
- 동 -ㄴ/은 채(로)

한국 이야기
한국의 대표 문서 작성 프로그램: 한글

어휘 및 표현

[컴퓨터/인터넷]

앱/어플	업로드하다/올리다	다운로드하다/받다/내려받다	업데이트하다	(프로그램/앱을) 설치하다	(파일을) 삭제하다

(인터넷에) 연결하다	해킹을 당하다	저장(하다)	뒤로	복사(하다)	붙여넣기

[웹 사이트]

계정을 만들다	(아이디/비밀번호를) 설정하다	(사이트에) 가입하다	(사이트에서) 탈퇴하다

(인증 번호를) 입력하다	검색(하다)	로그인(하다)	로그아웃(하다)

			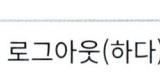

구독하다	(구독을) 해지하다	채널	(알림을) 켜다/끄다

[기타]

마스크	예의에 어긋나다	홍보하다	핫플	저절로
번거롭다	연령 제한	자동	수동	오류가 나다

연습 1 반대되는 것을 연결하세요.

1. 로그인하다 • • 내려받다
2. (사진/파일을) 올리다 • • 탈퇴하다
3. (사이트에) 가입하다 • • 로그아웃하다

연습 2 문장을 완성하세요.

> 가입하다   검색하다   구독하다   설정하다   저장하다

1. 제가 _____ 유튜브 채널은 10개가 넘어요. (-고 있다 + -는)
2. 더 자세한 정보가 필요하면 인터넷에서 _____ (-아/어/해 보다 + -(으)세요)
3. 이 사이트는 연령 제한이 없어서 누구나 _____ (-ㄹ/을 수 있어요)
4. 저는 휴대폰으로 찍은 사진을 컴퓨터에도 _____ 자주 봐요. (-아/어/해 놓다 + -고)
5. 비밀번호는 다른 사람들이 쉽게 생각하지 못하는 것으로 _____ 것이 좋아요. (-는)

연습 3 알맞은 것을 쓰세요.

> 계정   설치하다   비밀번호   업데이트하다   오류가 나다

1. 앱을 _____ : 앱의 기능을 더 좋게 만들거나 문제를 해결해서 최신의 것으로 바꾼다.
2. 프로그램을 _____ : 컴퓨터에서 프로그램을 다운로드 받은 후에 그 프로그램을 쓸 수 있게 해 놓는다.
3. _____ 을/를 설정하다: 인터넷 사이트나 앱을 사용하기 위해 회원 가입을 할 때 아이디와 함께 만든다.
4. _____ : 앱이 갑자기 멈춰서 작동이 안 된다.
5. _____ 을/를 만들다: 인스타그램과 같은 앱을 사용하기 위해서 회원 가입을 한다.

 ## 문법 ① 형-ㄴ/은 듯하다, 동-는 듯하다, 명인 듯하다

가: 오늘 날이 흐리네요.
나: 그러게요. 구름이 많은 걸 보니 비가 올★ 듯하네요.

가: 시험 어땠어요?
나: 이번 시험 문제는 좀 어려운 듯해요.

현재 청년 실업 문제가 심각한 듯하다.

문제를 해결하기 위해서는 그 방법이 효과적일 듯하다.

-ㄴ/은 듯하다, -는 듯하다, 인 듯하다는 어떠한 일을 추측해서 말할 때 사용합니다. 동사의 경우 과거의 일에 대한 추측일 때는 -ㄴ/은 듯하다 또는 -았/었/했을 듯하다를, 미래의 일에 대한 추측일 때는 -ㄹ/을 듯하다를 사용합니다. '-는 것을(걸) 보니'와 함께 자주 사용합니다.

연습 1 문장을 완성하세요.

| 한턱내다 | 수리비가 들다 | 경쟁률이 세다 | 피해가 크다 |

1 가: 인턴십 프로그램에 지원했어요?
  나: 네. 그런데 대기업이라서 _____

2 가: 수지 씨가 승진했다면서요?
  나: 네. 그래서 오늘 회식 때 _____

3 가: 무료로 수리할 수 있을까요?
  나: 무상 수리 기간이 지나서 아마 _____

4 가: 제주도에 태풍이 심각하대요.
  나: 그러게요. 뉴스를 보니까 태풍 때문에 _____

연습 2 맞는 것에 ○ 하세요.

1 가: 켈리 씨, 오늘 퇴근하고 회식 갈 거예요?
  나: 저는 일이 많아서 못 (갈 듯 / 가는 듯)해요.

2 가: 리모컨이 왜 작동이 안 되지?
  나: 배터리가 다 (된 듯 / 될 듯)해.

3 가: 왜 그래요? 아는 사람이에요?
  나: 어디에서 (본 듯 / 보는 듯)한데 기억이 안 나네요.

4 가: 빌궁 씨, 지난주에 맡긴 일은 언제쯤 끝날 것 같아요?
  나: 다음 주에 (끝난 듯 / 끝날 듯)해요.

★ **도와줘요, 하오!**

-ㄹ/을 듯하다는 자신의 생각을 직접적으로 표현하지 않고 완곡하게 표현할 때 사용하기도 합니다.

예 일찍 출발하는 게 좋을 듯해요.
수잔 씨가 발표를 하는 게 좋을 듯하네요.

문법 ② 동-느니 차라리

가: 어학당을 등록할까 말까?
나: 그렇게 고민만 하다가 시간을 낭비하느니 차라리 빨리 시작하는 게 낫겠다.

가: 사랑니 때문에 아픈데 치과 가기가 너무 무서워.
나: 나 같으면 아파서 고생하느니 차라리 빨리 가서 빼 버리겠다.

-느니 차라리는 앞 내용의 상황이나 행위보다 후행절의 상황이나 행위가 더 나음을 나타냅니다. -느니 차라리는 '-는 게 낫다/좋다'와 어울려 쓰이기도 합니다. 후행절은 선행절의 상황이나 행위보다 더 낫다고 생각하는 것을 제시할 때 쓰이기 때문에 미래 표현(-겠-)이 사용됩니다.

연습 1 문장을 만드세요.

1 맛이 없는 음식을 먹다 / 그냥 굶다

2 텔레비전을 보다 / 그 시간에 잠을 자다

3 운동을 하다 / 굶으면서 살을 빼다

4 성격이 안 좋은 사람과 결혼하다 / 혼자 사는 게 낫다

★ 도와줘요, 메리!

-느니 차라리 죽겠다
앞의 행동을 하기 싫거나 그러한 상황이 너무 싫어서 그것을 하지 않겠다는 의미를 강조할 때 사용하는 관용 표현입니다.

연습 2 문장을 완성하세요.

1 가: 오늘 저녁은 배달시켜 먹을까?
  나: 먹고 싶은 것도 없는데

2 가: 요즘은 인스타그램으로 예약해야만 갈 수 있는 곳이 많대요.
  나: 그렇게까지

3 가: 요즘 제 컴퓨터가 속도도 느리고 자주 멈추는데 수리를 맡겨 볼까요?
  나: 오래돼서 그런 것 같은데

4 가: 지금 하고 있는 일이 적성에 안 맞아서 스트레스받아요.
  나: 저 같으면 적성에 안 맞아서

문법 ③ 동-ㄴ/은 채(로)

어제는 너무 졸려서 일을 하다가 의자에 앉은 채로 잠이 들었어요.

집에 텔레비전을 켜 둔 채로 나왔어요.

가: 마스크를 벗어도 될까요?
나: 아니요. 병원에서는 마스크를 쓴 채로 있으셔야 합니다.

사과를 씻지 않은 채로 먹으면 식중독에 걸릴 수도 있어요.

-ㄴ/은 채(로)는 앞선 행위나 상황을 유지한 상태로 다른 행위를 할 때 사용합니다.

연습 1 문장을 완성하세요.

1. 은행 앱은 _____ 두면 위험해요. (로그인하다)
2. 밥을 먹을 때는 음식을 입에 _____ 말하면 안 돼요. (넣다)
3. 미국에서는 신발을 _____ 침대에 눕기도 해요. (신다)
4. 저는 처음 한국에 올 때 한국어를 하나도 _____ 왔어요. (모르다)
5. 회사에서 급하게 나오느라 컴퓨터를 _____ 나온 것 같아요. (켜 두다)

> ★ 도와줘요, 알렉스!
> 어떤 행동이 끝난 뒤에 그 상태가 계속 유지되는 **-아/어 놓다**와 **-아/어 두다**와 함께 쓰며 **-아/어 놓은 채로**, **-아/어 둔 채로**로 쓸 수 있습니다.

연습 2 문장을 완성하세요.

1. 가: 신이 씨 어디 아파요?
   나: 어제 창문을 _____ 자서 감기 기운이 좀 있는 것 같아요.
   (열어 두다)

2. 가: 어제 너무 피곤해서 화장을 _____ 잤더니 얼굴에 뭐가 났어요.
   (지우지 않다)
   나: 피부가 예민한 편인가 봐요.

3. 가: 휴대폰 액정이 깨졌네요?
   나: 네. 떨어뜨려서 깨졌어요. 그런데 수리하기 귀찮아서 _____ 그냥 쓰고 있어요. (깨지다)

4. 가: 옷을 _____ 그대로 두지 말고 세탁기에 넣어 둬.
   (벗어 놓다)
   나: 알겠어. 다음부터는 세탁기에 넣어 둘게.

5. 가: 너무 배고파. 빨리 먹자.
   나: 다 익을 때까지 잠깐만 기다려. 삼겹살은 _____ 먹으면 배탈이 날 수도 있어. (익히지 않다)

연습 3 그림을 보고 문장을 완성하세요.

1
  가: 신이 씨가 많이 피곤한가 봐요. _____ 잠이 들었네요.
  나: 그러게요. 프로젝트 때문에 어제도 밤을 새운 듯해요.

2
  가: 왜 그래요?
  나: 급하게 나오느라 집에 _____ 나온 것 같아요. 금방 갔다 올게요.

3
  가: 늦었어요. 빨리 가야 돼요.
  나: 그래도 머리는 말리고 가야지. _____ 나가면 감기에 걸려.

4
  가: 파일을 _____ 작업을 하다가 오류가 났어요.
  나: 파일을 저장을 안 했어요? 큰일이네요.

연습 4 그림을 보고 문장을 완성하세요.

> 모자를 쓰다   주머니에 손을 넣다   다리를 꼬다   팔짱을 끼다   고개를 숙이다

한국에서는 다음과 같이 행동하는 것이 예의가 없는 행동이 될 수 있습니다. 그렇기 때문에 조심해야 합니다. 먼저 대화를 할 때 어른 앞에서 **1** _____ 앉아 있으면 예의가 없다고 생각할 수 있습니다. 그리고 인사할 때 주의해야 하는 것이 많은데 한국에서는 어른에게 인사를 할 때 **2** _____ 인사를 해야 합니다. 이때 **3** _____ 인사를 하거나 **4** _____ 인사를 하는 것도 좋지 않습니다. 또한 **5** _____ 인사하는 것도 예의에 어긋날 수 있으니 모자를 벗고 인사하는 것이 좋습니다.

1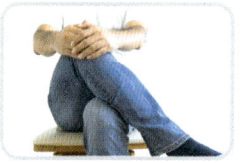

2

3

4

5

지훈: 신이 씨, 여기 가 볼래요? 요즘 여기가 인기 있는 맛집이래요.

신이: 지훈 씨는 맛집을 정말 잘 아는 것 같아요. 그런 곳은 어떻게 찾는 거예요?

지훈: 요즘은 인스타그램에서 가려는 곳의 이름과 맛집을 써서 검색하면 쉽게 찾을 수 있어요. '홍대 맛집'처럼요.

신이: 그런데 그렇게 인기가 많은 곳은 사람이 많아서 오래 기다려야 할 듯한데 괜찮겠어요? 지난번에 다른 친구랑 유명하다는 맛집에 갔는데 밖에서 2시간이나 기다리다가 결국 먹지도 못한 채로 집에 돌아왔어요.

지훈: 인스타그램으로 예약이 될 듯해요. 요즘은 인스타그램으로 홍보하는 가게들이 많아서 여기에서 공지나 예약 정보를 얻을 수 있거든요. 가게 소식 업데이트도 빨리 되는 편이고요. 제가 메시지를 보내 둘게요.

신이: 예약이 되면 좋겠네요. 아무리 맛있어도 저는 오래 기다려서 먹느니 차라리 안 먹을래요.

지훈: 어, 바로 답장이 왔어요. 예약이 된대요.

신이: 다행이네요. 그럼 내일 점심으로 예약할까요?

연습 1 대화문에 대해 답하세요.

1. 지훈은 맛집을 어떻게 검색합니까?

2. 신이는 지난번 친구와 맛집에 가서 어떻게 됐습니까?

3. 인스타그램 앱의 장점은 무엇입니까?

연습 2 여러분에 대해 답하세요.

1. 여러분은 한국에서 맛집을 찾아가 본 적이 있습니까?

2. 여러분 나라에서 맛집이나 핫플을 어떻게 찾습니까?

말하기

연습 1 친구와 묻고 답하세요.

1 한국 생활에 대해 궁금한 점이 있습니까? 친구와 묻고 답하세요.

> 보기
> 가: 한국에서 집을 구해야 하는데 어떻게 하면 좋을까요?
> 나: '직집'이라는 앱이 있는데 그 앱을 다운로드 받아서 찾아보는 게 좋을 듯해요. 부동산에 가서 구하는 것보다 방 구하는 앱에서 찾아보는 게 더 싸고 편 할 듯해요.

궁금한 점	방법
1 안 쓰는 책상을 파는 방법을 알고 싶다.	중고품을 파는 앱을 찾아본다.
2 인기가 많은 곳을 알고 싶다.	인스타그램에서 검색한다.
3	

2 한국에서 살면서 당황스러웠던 적이 있습니까? 여러분의 경험에 대해 말해 보세요.

> 보기
> 홍대가 핫플이라고 해서 친구들과 가 봤어요. 홍대는 젊은 사람들이 정말 많더라고요. 저도 신나게 놀고 집에 돌아가려고 하는데 늦은 시간에 술에 취한 채로 걸어 다니는 사람들이 많아서 조금 무서웠어요. 또 길에 누워 있는 사람들도 있었어요.

연습 2 친구와 묻고 답하세요.

> 보기
> 예1: 저는 아무리 배가 고파도 싫어하는 음식을 먹느니 차라리 굶겠어요.
> 예2: 저는 배가 고픈 게 더 싫기 때문에 굶느니 차라리 싫어하는 음식을 먹겠어요.

1 어떤 일을 하고 후회하는 게 나을까요? 안 하고 후회하는 게 나을까요?
2 한 시간 기다려서 맛집에서 먹는 게 나을까요? 아무 식당에서 먹는 게 나을까요?
3 싫어하는 사람과 일하는 것과 혼자서 많은 일을 다 하는 것 중 어느 게 더 나아요?
4 동영상 스트리밍 사이트에 가입해서 광고를 안 보는 것과 광고를 보는 것 중 어느 것을 선택하겠어요?
5 일을 많이 해서 돈을 많이 버는 것과 일을 적게 하고 돈을 적게 버는 것 중 어느 게 좋아요?

연습 3 친구와 이야기해 보세요.

1 여러분이 자주 사용하는 앱을 소개해 보세요.

> 보기
>
> 저는 '감자 마켓'이라는 앱을 자주 사용해요. 이 앱은 중고 제품을 사고팔 수 있는 앱이에요. 저는 이 앱을 자주 사용하는 편이에요. 왜냐하면 한국에서 사는 동안만 쓸 물건인데 새 제품을 비싸게 주고 사느니 차라리 중고를 사서 쓰는 게 돈도 아끼고 좋다고 생각하기 때문이에요. 필요한 물건을 싸게 사고 싶으면 이 앱을 사용하는 게 좋을 듯해요.

앱 종류	유용한 점
1 지도 앱	길을 찾기 편리하다.
2 배달 앱	언제 어디서든 편리하게 음식을 배달시킬 수 있다.
3 음악 재생 앱	
4 택시/대중교통 앱	
5 데이팅 앱	
6 쇼핑 앱	

2 SNS나 동영상 시청 앱에서 구독하고 있는 채널을 소개해 보세요.

연습 1 대화를 듣고 답하세요.

1 여자는 주말에 어디에 갔습니까?

① ② ③

2 맞는 것에 ◯, 틀린 것에 ✕ 하세요.

① 여자는 미용실에 가기 전에 미리 예약을 하고 갔다. (   )

② 여자는 미용실에서 염색을 하고 돌아왔다. (   )

③ 남자는 가게 정보를 미리 찾아보고 간다. (   )

④ 여자는 인스타그램 계정을 만들 것이다. (   )

연습 2 대화를 듣고 답하세요.

1 맞는 것에 ◯, 틀린 것에 ✕ 하세요.

① 두 사람은 한강 공원에 있다. (   )

② 한강 공원에는 배달이 안 된다. (   )

③ 앱에 가입해서 처음 사용할 때 쿠폰을 준다. (   )

④ 여자는 식당에서 먹고 싶다. (   )

2 두 사람은 무엇을 주문했습니까?

3 여자가 내려받을 앱은 무엇입니까?

① 배달 앱   ② 지도 앱   ③ 데이팅 앱   ④ SNS 앱

117

읽기와 쓰기

연습 1 글을 읽고 질문에 답하세요.

한국인이 가장 많이 사용하는 앱은 무엇일까? 지난달 모바일앱협회에서 스마트폰 사용자 1만 명을 대상으로 '한국인이 사용하는 앱'에 대해 조사한 결과, 가장 많이 사용하는 앱은 카카오톡으로 나타났다. 카카오톡은 메시지를 주고받는 앱으로 연락하는 기능뿐만 아니라 쇼핑, 선물하기 기능 때문에 사람들이 자주 사용한다고 대답했다.

두 번째로 많이 사용하는 앱은 유튜브로 조사됐다. 사용자들은 여유 시간이 생기거나 심심할 때 주로 유튜브에서 영상을 보면서 시간을 보내는 경우가 많다고 답했다. 또한 습관적으로 유튜브를 틀어 놓은 채로 다른 일을 하는 경우도 많다고 응답했다. 그다음으로 네이버, 쿠팡이 뒤를 이었다. 검색 사이트 중 네이버를 선호하는 이유로는 맛집이나 필요한 정보를 검색하기 편리하다는 점과 식당이나 가게를 예약할 수 있다는 점을 꼽았다. 쿠팡의 경우 당일에 주문에서 새벽에 받을 수 있는 로켓배송의 편리함 때문에 사용자가 많은 것으로 조사됐다.

한국인이 가장 많이 사용하는 앱

앱 이름	월평균 사용자(명)	작년 동기간 대비
카카오톡	4,800만	-
유튜브	4,608만	-
네이버	4,306만	-
쿠팡	2,935만	-
네이버 지도	2,457만	-
인스타그램	2,139만	▲2
배달의민족	1,979만	▲2
밴드	1,956만	▼2
당근마켓	1,918만	▼2
토스	1,739만	-

출처: 와이즈앱

1 맞는 것에 ◯ 하세요.

① 한국인들은 유튜브 다음으로 카카오톡을 많이 사용한다.
② 카카오톡에서는 메시지를 주고받거나 선물을 할 수 있다.
③ 네이버는 검색 사이트이기 때문에 정보 검색만 할 수 있다.
④ 사람들은 여유 시간에 주로 쿠팡에서 영상을 보며 시간을 보낸다.

2 쿠팡 이용자가 많은 이유를 찾아 쓰세요.

3 여러분 나라에서 가장 많이 이용되는 세 가지 앱은 무엇입니까?

연습 2 글을 읽고 질문에 답하세요.

우리 삶에서 스마트폰은 없어서는 안 되는 물건이 되었다. 스마트폰 하나만 있으면 거의 모든 생활이 가능할 정도로 스마트폰은 우리의 삶을 편리하게 만들어 주기 때문이다. 우리가 편리하게 사용하는 스마트폰의 기능 중 하나는 자동 로그인 기능이다. 자동 로그인은 아이디와 비밀번호를 한 번만 입력해 놓으면 다음에 사용할 때부터는 자동으로 로그인이 되는 기능이다.

이 기능은 스마트폰 사용자가 앱마다 다른 계정과 비밀번호를 만들고 기억해야 하는 번거로움을 줄여 준다. 이러한 편리함 때문에 많은 사람들이 앱을 사용할 때 로그인해 둔 채로 사용하고 있는데, 편리하다는 이유로 자동 로그인을 해 놓고 로그아웃하지 않으면 해킹의 위험이 있다.

또한 스마트폰을 분실했을 때는 더 위험해질 수 있다. 분실된 스마트폰을 다른 사람이 주운 후, 자동 로그인이 되어 있는 앱에 들어가서 마음대로 이용할 수도 있기 때문이다. 스마트폰에 저장된 사진이나 정보들을 SNS에 올리거나 쇼핑 앱에서 물건을 구입해서 자동으로 결제할 수도 있다. 최근 스마트폰을 떨어뜨려서 생긴 위험한 일을 소재로 한 영화가 나올 정도로 자동 로그인 기능의 위험성을 무시해서는 안 될 것 같다.

자동 로그인을 해 둔 채로 스마트폰을 분실한다면 여러분의 소중한 개인 정보가 다른 사람에게 알려질지도 모르니 평소에 로그아웃하여 개인 정보를 보호하는 것이 좋을 듯하다.

1 이 글의 주제로 알맞은 것에 ○ 하세요.

① 스마트폰의 중요성 ② 스마트폰의 위험성
③ 개인 정보의 중요성 ④ 자동 로그인의 위험성

2 맞는 것에 ○, 틀린 것에 ✕ 하세요.

① 자동 로그인은 한 번만 계정을 입력해 두면 알아서 로그인이 되는 기능이다. ( )
② 자동 로그인 기능을 사용하면 로그아웃도 자동으로 된다. ( )
③ 휴대폰을 잃어버렸을 때 자동 로그인 기능 때문에 위험한 일이 생길 수 있다. ( )

연습 3 다음 질문에 대해 생각하고 226페이지에 글을 쓰세요.

- 여러분은 어떤 앱을 자주 사용합니까?
- 여러분 나라에서 가장 인기 있는 앱은 무엇입니까?
- 어떤 점이 유용합니까?

한국 이야기

영상을 보고 한국의 대표 IT에 대해 더 알아보세요.

한국의 대표 문서 작성 프로그램: 한글

직장이나 학교에서 문서를 작성할 때 어떤 프로그램을 사용하시나요? 전 세계의 70%와 마찬가지로 Microsoft Word를 사용하실 가능성이 크죠. 하지만 한국에는 Microsoft Word보다 더 선호하는 프로그램이 있다는 것을 알고 계셨나요? 이 생산성 프로그램의 이름은 '한컴'이며, '한글'이라는 유명한 문서 작성 프로그램이 포함되어 있어요. 이 앱은 대한민국 정부 및 기타 공공 기관에서 공식적으로 사용하는 생산성 프로그램이에요. 한국 비자를 신청할 때 .hwp 파일을 본 적이 있을 거예요. 그런데 '한글'이 왜 이렇게 인기가 많을까요?

1990년대에 Windows는 한국어가 잘 지원되지 않았어요. 그래서 '한컴'이라는 회사가 한글 전용 문서 작성 프로그램을 개발했어요. 이 프로그램은 완전한 한글 지원, 고급 타이포그래피 설정 및 고급 레이아웃 옵션 덕분에 일반 대중에게 인기를 얻었어요. 당시 한국에서는 Microsoft 프로그램의 존재를 모르는 사람이 많을 정도로 '한글'은 널리 사용되었어요. 2000년대에 한컴은 거의 파산할 뻔했지만, 국민의 사랑 덕분에 회사를 구할 수 있었어요. 요즘 대부분의 한국인은 한국어 지원이 크게 향상된 Microsoft Word를 사용하지만, 많은 한국 학생, 전문가, 기업 및 공공 기관은 여전히 한글을 선호해요.

주요 표현
강남역에서 사주를 봤는데 잘 맞기는커녕 오히려 반대였어요.

문법
동-기 나름이다
형 동-기는커녕, 명 은/는커녕
형 동-아/어/해 봤자

한국 이야기
손금

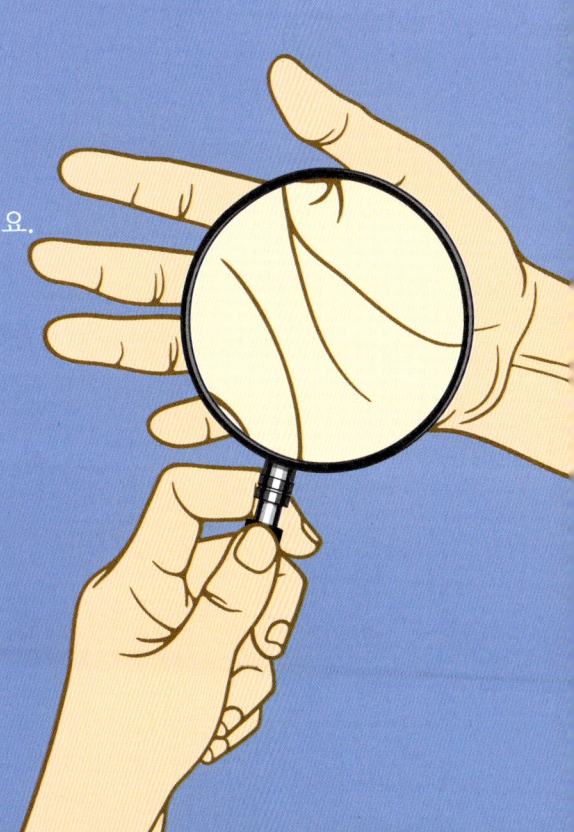

어휘 및 표현

[운세와 미신]

사주를 보다	사주를 잘 보다	사주가 잘 맞다	사주를 못 보다
궁합	애정운	직장운	이사운
점집	사주 카페	운세	타로 카드
점쟁이	금기를 어기다	금기를 지키다	운명
미신	미신을 믿다	점을 보다	점을 치다

[복과 행운]

복	복을 받다	복을 빌다	복이 오다	복이 나가다/ 달아나다
운	운이 좋다	운이 나쁘다	운이 있다	운이 없다
재수	재수가 좋다	재수가 나쁘다	재수가 있다	재수가 없다
행운	행운이 있다	행운이 없다	행운을 빌다	행운이 따르다
불행	불행하다	불행이 닥치다	불행이 찾아오다	불행을 초래하다

[기타]

맹신하다	찝찝하다	비과학적이다	도망가다
생김새	재물운/재운	고집이 세다	초승달
인상을 주다	~에 묶다	마음먹다	꾸미다

연습 1 알맞은 단어를 쓰세요.

상황	단어
1 길을 가다가 만 원을 주웠어요.	☐☐ 이/가 좋다
2 친구가 교통사고로 크게 다쳐서 수술을 여러 번 해야 한대요.	☐☐ 이/가 닥치다
3 아침에 출근하는 길에 개똥을 밟았어요.	운이 ☐☐☐
4 새해가 돼서 지금 하고 있는 일이 잘 되고, 좋은 일만 생기게 해 달라고 기도해요.	복을 ☐☐
5 제 남자 친구는 신발을 선물하면 도망간다고 절대로 신발은 안 사 줘요.	☐☐ 을/를 믿다

연습 2 문장을 완성하세요.

| 사주　　맹신하다　　찝찝하다　　비과학적 |

1 가: 지난주에 점을 봤는데 취업보다는 사업을 해 보라고 해서 고민 중이야.
   나: 점쟁이 말을 너무 _____ (-지 마)

2 가: 지수 씨도 미신을 믿는 편이에요?
   나: 아니요. 미신은 _____ 이야기잖아요. (-ㄴ/인)

3 가: 타로 보고 왔다며? 뭐래?
   나: 올해 안 좋은 일이 일어날 수도 있다고 조심하라는데 괜히 신경 쓰이고 기분이
       _____ (-아/어/해요)

4 가: 요즘 하는 일마다 잘 안 돼서 너무 답답하고 우울해요.
   나: 그럴 때는 점쟁이한테 가서 _____ 을/를 한번 보는 것도 나쁘지 않아요.

어휘 마인드맵

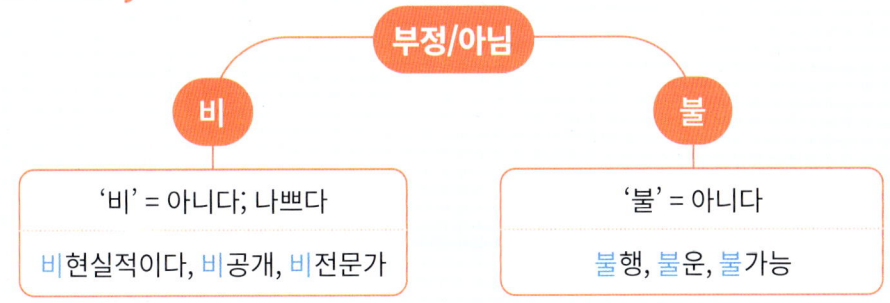

문법 ① 동-기 나름이다

가: 이 제품은 오래 쓸 수 있을까요?
나: 제품의 수명은 사용하기 나름이기 때문에 함부로 쓰면 오래 쓰지 못하고 조심히 잘 쓰면 오래 쓸 수 있어요.

가: 요즘 나한테 계속 안 좋은 일들만 생기는 거 같아.
나: 모든 일은 생각하기 나름이니까 긍정적으로 생각해.

-기 나름이다는 어떻게 행동하느냐에 따라 결과가 달라질 수 있음을 나타냅니다.

연습 1 문장을 완성하세요.

1. 똑같은 상황을 긍정적으로 보는 사람도 있고 부정적으로 보는 사람도 있는 걸 보면 모든 일은 _____ (받아들이다)

2. 어떤 일이 성공할지는 자기가 _____ (노력하다)

3. 사주는 _____ 너무 심각하게 생각하지 마. (해석하다, -(으)니까)

4. 똑같이 버는데 돈을 많이 모으는 사람도 있고 못 모으는 사람도 있는 걸 보면 돈은 _____ (쓰다)

5. 같은 옷인데 그 사람이 입으면 더 멋있어 보이는 걸 보면 옷도 _____ (입다, -는 것 같아요)

연습 2 문장을 완성하세요.

> 생각하다   절약하다   집을 꾸미다   마음먹다

1. 가: 새해에는 내가 담배를 끊을 수 있을까?
   나: 그건 네가 _____ (-지)

2. 가: 사진으로 봤을 때는 방이 좁아 보였는데 직접 보니까 넓어 보이네.
   나: 좁긴 한데 _____ 것 같아. (-ㄴ)

3. 가: 이번 면접도 느낌이 별로 안 좋아.
   나: 모든 일은 _____ . 너무 부정적으로 생각하지 마. (이야)

4. 가: 이번 달 생활비를 너무 많이 썼어. 어떻게 하면 돈을 덜 쓸 수 있을까?
   나: 네가 _____ ? 식비에 쓰는 돈을 좀 줄여 봐. (-지 않다 + -을까)

 ② 형 동 -기는커녕, 명 은/는커녕

가: 마이클 씨가 이사 잘 도와줬어요?
나: 아니요. 도와주기는커녕 방해만 됐어요.

오늘 내 생일인데 친구들한테 전화는커녕 문자 한 통도 안 와서 너무 속상해요.

가: 일하면서 돈을 많이 모았어요?
나: 모으기는커녕 더 많이 쓴 것 같아요.

제가 요리를 했는데 부모님께 칭찬은커녕 혼만 났어요.

-기는커녕, 은/는커녕은 부정적인 상황에서만 사용하며, 앞에서 예상한 것과 다른 결과가 나타났을 때, 앞의 내용은 물론이고 그보다 못한 상황이나 상반되는 결과가 나타났을 때 사용합니다. '았/었/했-'이나 '-겠-'과 같이 쓸 수 없습니다.
1) 보통 뒤에는 앞의 상황보다 더 안 좋거나 더 쉬운 일의 내용인데도 이루어지지 않았을 때 사용합니다. 뒤에는 '-도/-조차 안/ 못 하다, 없다'의 부정 표현과 함께 자주 사용합니다.
2) 뒤에는 기대했던 상황과 반대되는 상황이 올 때 사용합니다. 이때에는 '오히려'를 함께 써서 -기는커녕 오히려로 사용하기도 합니다.

연습 1 문장을 만드세요.

1. 내일이 시험인데 공부 / 게임만 하고 있다

2. 오늘 너무 바빠서 밥 / 물 한 잔도 못 마셨다

3. 주말에 쉬다 / 회사에 출근해서 일만 했다

4. 부장님께서 칭찬해 주시다 / 일만 더 주셨다

연습 2 문장을 완성하세요.

1. 가: 한국어 시험 봤다면서요? 잘 봤어요?
   나: _____ 문제가 너무 어려워서 다 풀지도 못했어요.

2. 가: 아까 부탁한 보고서는 다 썼어요?
   나: _____ 아직 시작도 못했어요.

3. 가: 숙소는 넓어요?
   나: _____ 너무 좁아서 제가 쓰던 가구들을 다 바꿔야 할 것 같아요.

4. 가: 한국에 있으면서 부모님께 매일 연락해요?
   나: _____ 바빠서 일주일에 한 번도 잘 못 하는 것 같아요.

연습 3 문장을 완성하세요.

1
가: 2천 원으로 김밥 두 줄을 살 수 있을까요?
나: 김밥 두 줄 _____
　　　　　　　　　(-ㄹ/을걸요?)

2
가: 수지 씨가 어제 일 사과했어요?
나: 아니요. _____
　　　　　　(-던데요)

3
가: 유진 씨는 요리를 잘해요?
나: 아니요. 저는 요리 _____
　　　　　　　　(-아/어/해요)

4
가: 감기는 다 나았어요?
나: _____
　　(-고 있어요)

연습 4 친구와 묻고 답하세요.

1 ○○ 씨는 술을 잘 마셔요? (잘 마시다 / 맥주 한 잔도 못 마시다)

2 여행은 잘 다녀왔어요? (잘 다녀오다 / 비가 와서 숙소에만 있다)

3 사주 봤다면서요? ○○ 씨와 잘 맞아요? (잘 맞다 / 하나도 맞는 게 없다)

4 회사/학교 생활은 재미있어요? (재미있다 / 스트레스만 받고 있다)

5 ○○ 씨, 저한테 만 원만 빌려 줄 수 있어요? (만 원 / 천 원도 없다)

 **3** 형 동 -아/어/해 봤자

SCAN FOR VIDEO

가: 급한 일이면 지수 씨한테 부탁해 보는 게 어때요?
나: 저랑 싸워서 부탁해 봤자 안 도와줄 거예요.

방을 치워 봤자 아이들이 금방 또 어질러서 더러워질 거예요.

가: 택시를 타면 금방 가지 않을까요?
나: 지금은 차가 막힐 시간이라서 택시를 타 봤자 늦을 거예요.

아무리 일찍 가서 기다려 봤자 표를 구하지 못할 거예요.

-아/어/해 봤자는 어떠한 행동을 하거나 그러한 상태가 된다고 해도 별로 도움이 되거나 달라지는 것이 없다는 것을 나타낼 때 사용합니다. 동 -아/어/해 봤자 소용(이) 없다와 같은 형태로 사용하기도 합니다.

연습 1 문장을 완성하세요.

1. 가: 지금이라도 모임에 가 볼까요?
   나: 지금 시간이 늦어서 _____ 아무도 없을걸요?

2. 가: 지훈이 일 좀 네가 도와줘.
   나: 싫어. _____ 고마워하지도 않을 거야.

3. 가: 유학 가고 싶다고 부모님께 말씀드려 봐.
   나: _____ 안 보내 주실 거야.

4. 가: 책상 좀 정리해.
   나: _____ 또 금방 지저분해질텐데 뭐 하러 해.

5. 가: 마지막으로 한 게임만 더 해 보면 안 돼? 이번에는 진짜 이길 수 있을 거 같아.
   나: 또 _____ 질 거야. 그만 포기해.

연습 2 친구와 묻고 답하세요.

1. 청소기가 고장 났는데 수리를 맡겨야 할까? (고치다 / 또 고장이 나다)

2. 올해 연애를 할 수 있을지 타로를 한번 볼까요? (타로를 보다 / 별로 도움이 안 되다)

3. 자격증을 따면 취업에 도움이 될까요? (자격증을 따다 / 취업에 도움이 안 되다)

4. 운동하고 야식 먹는 건 괜찮겠지? (야식을 먹으면 운동하다 / 소용없다)

켈리: 사나 씨, 한국에 살면서 사주나 점을 본 적이 있어요?

사나: 켈리 씨가 그런 것도 알아요?

켈리: 그럼요. 태어난 날짜와 시간으로 운명을 알아보는 거잖아요. 미국에서 재미로 타로나 오늘의 운세를 보는데 한국에서는 많은 사람들이 어떤 일을 새로 시작하거나 힘든 일이 있을 때 점이나 사주를 본다면서요?

사나: 뭐, 다양한 이유로 보는 것 같지만 안 보는 사람도 많아요. 그런데 왜요?

켈리: 제가 올해 안 좋은 일이 많았잖아요. 교통사고를 당해서 다치기도 하고 자격증 시험에서 떨어지고... 그래서 내년에 제 운세가 어떤지 궁금해서 한 번 보려고요.

사나: 사주를 **봐 봤자** 별로 달라지는 일도 없어요. 저도 몇 년 전에 강남역에서 사주를 본 적이 있는데 잘 맞**기는커녕** 하나도 맞는 게 없어서 돈이 아깝더라고요.

켈리: 왜요? 점쟁이가 뭐라고 했는데요?

사나: 저보고 1년 뒤에 결혼한다고 했는데 결혼**은커녕** 지금까지 연애도 못하고 있잖아요. 운이 좋고 나쁘고는 생각하**기 나름이**지 않을까요? 켈리 씨가 내년에는 좋은 일만 생긴다고 생각하면 좋은 일만 생길 거예요.

켈리: 그럴까요? 그래도 한 번 보고 싶은데...

사나: 그럼 너무 믿지는 말고 재미로 한 번 보세요.

연습 1 대화문에 대해 답하세요.

1 켈리는 올해 어떤 일이 있었습니까?

2 사나가 사주를 봤을 때 점쟁이가 뭐라고 했습니까?

3 사나는 켈리에게 어떤 조언을 해 줬습니까?

연습 2 여러분에 대해 답하세요.

1 여러분은 사주나 타로를 본 적이 있습니까?

2 사주나 타로를 보는 것에 대해 어떻게 생각합니까?

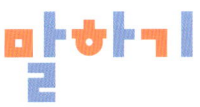 말하기

연습 1 친구와 이야기해 보세요.

> 아무리 열심히 해 봤자 이번 시험에서 떨어질 거예요.

> 메리 씨가 열심히 하기 나름이지요. 포기하지 말고 지금부터라도 열심히 해보세요.

부정적으로 말하는 사람	조언하는 사람
1 아무리 잘 준비하다 / 발표할 때 실수하다	열심히 준비하다
2 새로운 일에 도전하다 / 끝까지 못 하다	마음(을) 먹다
3 좋아하는 사람한테 고백하다 / 잘 안 되다	
4 /	

연습 2 여러분은 살면서 기대했던 일과 반대되는 일이 일어나서 오히려 실망하거나 당황했던 적이 있습니까? 여러분의 경험에 대해 말해 보세요.

> **보기**
> 저는 한국 친구가 영어 면접 준비를 할 때 많이 도와줬어요. 그래서 그 친구가 면접에 합격하면 꼭 한턱낸다고 했어요. 그런데 면접에 합격한 다음에 한턱내기는커녕 그 이후로 바쁘다고 연락도 잘 안 했어요. 그래서 너무 서운하고 실망스러웠어요.

기대했던 일	결과
1 친구의 한국어 숙제를 도와줘서 친구가 밥을 사줄 거라고 했다.	바쁘다고 나를 피한다.
2 한국어 공부를 할 때 한국어가 쉽다고 생각했다.	공부할수록 문법이 어렵다.
3 남자/여자 친구와 헤어지고 시간이 지나면 잊힐 거라고 생각했다.	시간이 지날수록 기억이 더 생생해져서 힘들다.
4	

연습 3 친구들과 이야기해 보세요.

1 여러분 나라의 미신/금기를 소개하고 그러한 미신이 생긴 이유에 대해서 이야기해 보세요.

나라	미신/금기	생긴 이유
한국	중요한 시험이나 면접 날에 미역국을 먹으면 떨어진다고 생각한다.	미역이 미끄러워서 이 미끄러운 미역을 먹으면 시험에서도 미끄러진다(=시험에서 떨어지다)고 생각하기 때문에 생긴 미신이다.
한국	이름을 쓸 때 빨간색으로 쓰지 않는다.	빨간색은 죽은 사람의 이름을 쓸 때 사용한다고 생각해서 좋지 않다고 생각한다.

2 여러분은 미신이나 점/타로 카드를 보고 믿습니까? 여러분 생각과 그 이유를 말해 보세요.

믿는다	안 믿는다
• 앞으로의 일을 미리 알 수 있기 때문에 미래를 미리 준비할 수 있다. • 좋은 이야기를 들으면 지금은 힘들더라도 언젠가 좋은 일이 생길 거라는 희망을 가지고 살 수 있다.	• 미신은 미신일 뿐이다. 믿어 봤자 아무런 일도 일어나지 않는다. • 근거가 없다. 비과학적이다. • 중독되어 시간과 돈을 낭비할 수도 있다.

듣기

연습 1 대화를 듣고 답하세요.

1 한국에서는 연인한테 무엇을 선물하면 안 된다고 했습니까?

① 시계 ② 신발 ③ 우산 ④ 꽃

2 여자는 왜 그것을 선물하면 안 된다고 했습니까?

_____

3 맞는 것에 ◯, 틀린 것에 ✕ 하세요.

① 여자는 남자 친구에게 신발을 선물한 적이 있다. (   )
② 여자는 남자 친구와 헤어지기는커녕 결혼을 했다. (   )
③ 남자는 여자 친구에게 구두를 선물하기로 했다. (   )
④ 신발을 선물하고 나서 잘 사귀는 커플이 많다. (   )

연습 2 대화를 듣고 답하세요.

1 여자는 무슨 꿈을 꿨습니까?

① 돼지 고기를 먹는 꿈
② 돼지가 돈을 주는 꿈
③ 돼지가 방을 더럽히는 꿈
④ 돼지가 따라와서 집에 들어오는 꿈

2 틀린 것에 ◯ 하세요.

① 여자는 복권을 사서 당첨됐다.
② 여자의 나라에서는 돼지 꿈을 안 좋게 생각한다.
③ 한국 사람들은 돼지 꿈을 꾸고 복권을 사기도 한다.
④ 한국에서는 돼지 꿈이 행운을 가져다 준다고 생각한다.

읽기와 쓰기

연습 1 글을 읽고 질문에 답하세요.

"내가 왕이 될 상인가?" 한국 영화 <관상>에서 나오는 유명한 대사입니다. "내가 왕이 될 얼굴인가?"를 묻는 것인데요, 얼굴의 생김새를 보고 왕이 될 수 있는지를 맞혀 보라고 하는 것입니다. 이렇게 사람의 얼굴 생김새로 그 사람의 타고난 운명이나 운세를 예측하는 것을 관상이라고 합니다.

얼굴에는 그 사람이 살아온 인생이 담겨 있고 그것을 통해 앞으로 어떻게 살아갈 것인지도 예측해 볼 수 있는 것입니다. 관상은 이마, 눈썹, 눈, 코, 입, 귀의 모양을 보고 알 수 있는데, 여기에서는 눈썹 모양을 통해 관상을 알아보겠습니다.

관상에서 눈썹은 눈과 멀리 떨어져 있을수록 좋습니다. 눈썹과 눈이 너무 가까이 붙어 있으면 별로 운이 좋지 않다고 합니다.

다음으로 눈썹의 길이는 눈보다 긴 것이 좋고 길이가 길수록 사람 복이라는 '인복'이 많다고 합니다. 만약 눈썹이 눈보다 짧으면 돈을 버는 재물운이 안 좋다고 합니다.

마지막으로 눈썹 모양을 보겠습니다. 눈썹이 젓가락처럼 일자로 생긴 사람은 고집이 센 성격이라서 다른 사람이 뭐라고 말을 해 봤자 별로 신경 쓰지 않습니다. 이런 사람들은 군인이나 경찰로 성공할 운이 많다고 합니다.

초승달처럼 얇고 둥근 눈썹은 사람들에게 좋은 인상을 주어 이성 간의 애정운을 좋게 합니다. 눈썹 끝이 올라간 모양은 보통 생각보다 행동이 앞서는 스타일이라서 리더가 될 운을 가지고 있습니다.

여러분들은 어떤 운을 가지고 있습니까? 거울을 보면서 여러분의 눈썹 모양이 어떤지 한번 확인해 보세요.

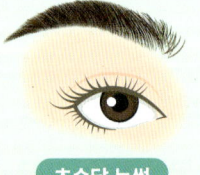
초승달 눈썹

끝이 올라간 눈썹

1 맞는 것에 ○, 틀린 것에 ✕ 하세요.

① 관상은 얼굴 모양으로 그 사람의 운명을 예측하는 것이다. ( )
② 눈썹이 눈과 가까이 있을수록 운이 좋다. ( )
③ 눈썹 길이가 길면 좋은 사람들을 만날 수 없다. ( )
④ 눈썹이 눈보다 짧으면 돈을 많이 벌 수 없다. ( )

2 그림을 보고 내용과 맞는 것을 ○ 하세요.

① 인복이 많다. ③ 남녀 사이의 운이 좋다.
② 재물운이 좋다. ④ 리더가 될 운을 가지고 있다.

연습 2 글을 읽고 질문에 답하세요.

> 한국에는 다리를 떨면 복이 나간다는 미신이 있습니다. 그런데 한국 사람들은 왜 다리를 떨면 복이 나간다고 생각하게 된 걸까요?
>
> 옛날에 한 점쟁이가 어떤 가난한 사람의 집에서 묵게 되었습니다. 그런데 집주인의 사주를 보니 재운이 많은 부자의 사주를 가지고 있었습니다. 부자로 살 사람이 가난하게 살고 있어서 그 이유를 살펴보니 집주인이 잘 때 다리를 떨며 자고 있었다고 합니다. 점쟁이는 집주인에게 다리를 떨지 않고 잠을 자면 부자가 될 것이라고 조언하고 그 집을 떠났습니다. 몇 년 뒤 점쟁이가 다시 그 집을 찾아갔을 때 집주인은 부자가 되어 잘살고 있었고 그때 다리를 떨지 말라고 알려줘서 고맙다고 말했습니다.
>
> 이 이야기가 진짜인지는 알 수 없습니다. '다리를 떨면 복이 나간다'라는 미신은 다리를 떠는 모습이 보기 안 좋기 때문에 생겨난 것일 수도 있고 나쁜 버릇이 복을 달아나게 한다고 여겨 만들어진 것일 수도 있습니다.
>
> 그러나 이 미신 때문에 다리 떨기를 무조건 참을 필요는 없습니다. 실제 조사에 따르면 다리를 떠는 것이 복을 달아나게 하기는커녕 오히려 건강에 도움이 된다고 합니다. 긴장이 될 때 다리를 떨면 긴장을 풀어주거나 집중력을 높여주는 효과가 있다고 합니다. 건강을 생각해서 가끔은 다리를 떠는 것도 좋겠습니다.

1 글에서 이야기한 미신은 무엇입니까?

2 맞는 것에 ◯, 틀린 것에 ✕ 하세요.

① 점쟁이가 본 집주인의 사주는 안 좋았다. ( )

② 집주인은 다리를 떠는 버릇을 고친 후에 부자가 됐다. ( )

③ 한국에서는 다리를 떠는 것을 좋지 않은 습관이라고 생각한다. ( )

④ 다리를 떠는 것은 복을 달아나게 할 뿐만 아니라 건강에도 좋지 않다. ( )

연습 3 다음 질문에 대해 생각하고 227페이지에 글을 쓰세요.

- 여러분 나라에도 행운과 관련된 미신이 있습니까?
- 불행과 관련된 미신이 있습니까?
- 미신을 소개하고 미신에 대한 여러분의 생각을 쓰세요.

한국 이야기

영상을 보고 사주에 대해 더 알아보세요!

손금

손금은 손바닥에 나 있는 줄무늬인데 이것의 모양으로 그 사람의 운명과 미래를 알 수 있어요. 손바닥에서 접히고 파인 부분인 손금은 손의 주인이 지금까지 살아온 길과 나아갈 미래를 예측하는 데 사용돼요. 각 손금의 의미는 길이, 깊이, 곡률에 따라 달라지며 두뇌선, 감정선, 운명선 등 다양한 손금의 이름이 있어요.

생명선

생명선은 엄지손가락을 포물선으로 둘러싸고 있는 선을 말해요. 주로 건강 상태를 나타내고, 생명선이 길고 두꺼우면 오래 산다고 알려져 있어요.

두뇌선

두뇌선은 생명선과 같이 출발하지만 손목으로 향하지 않고 손바닥을 가로지르는 선을 말해요. 지능, 적성과 관련된 손금이며 휘어진 정도나 길이, 갈래 수 등에 따라서 어떤 성향의 두뇌를 가졌는지 알 수 있어요. 두뇌선이 뚜렷하고 길면 집중을 잘하는 사람이고, 두뇌선이 중간에 끊어져 있으면 사고에 일관성이 없다고 해요.

감정선

감정선은 새끼손가락 쪽의 면에서 생기며 보통 검지나 중지 쪽으로 휘어져요. 감정선이 휘어진 정도에 따라서 감정적인지 아닌지를 알 수 있으며, 감정선이 희미하면 냉정한 성격이고 감정선이 밑으로 쳐지면 소극적이고 내성적인 성격으로 자신감이 부족한 경우가 많다고 해요.

운명선

운명선은 손바닥 밑부분에서 중지로 향하는 선을 말하며, 개인의 삶이 외부 환경에 얼마나 영향을 받는지를 나타내는 선이에요. 운명선이 뚜렷하면 운명에 의해 강하게 지배를 받으며, 운명선이 끊어지고 방향이 바뀌면 외부의 영향으로 인해 삶에 큰 변화를 맞이한다고 해요.

SCAN FOR AUDIO

주요 표현
안 그래도 전입 신고하러 주민 센터에 가려던 참이었어요.

문법
- 동-(으)려던 참이다/참에
- 동-고 말다
- 동-(으)려다(가)

한국 이야기
외국인 주민 전용 관공서

어휘 및 표현

[공공 기관/관공서의 종류]

구청	시청	주민 센터/동사무소	경찰서
은행	법원	보건소	소방서
우체국	세무서	공공(구립/시립) 도서관	출입국 관리 사무소

[관공서 관련 어휘]

민원 업무	공무원	콜센터	수수료
전입 신고	공동 인증서	전자 서명	복지 서비스
신고서	통합 신청서	동의서	서약서
체류 기간	유효 기간	체류 자격	신청 현황
발급 일자	변경 신고	재입국 허가	재발급
거주지/체류지	근무처	여부	접수

체류하다	제공하다	제출하다
서명하다	연장하다	거주하다
신고하다	업무를 보다	절차를 밟다
혜택을 이용하다	재발급하다/받다	번호표를 뽑다
비치하다(되다)	접수증을 출력하다	서류, 증명서를 떼다/발급받다

[기타]

팸플릿	텔레파시	행정	부서
재채기	에티켓	망치	프린터
성격이 자상하다	대형 폐기물	이외	대여하다

연습 1 각 공공기관에서 하는 일로 알맞은 것을 연결하세요.

1. 구청
2. 경찰서
3. 법원
4. 보건소
5. 소방서

① 시민들의 생명과 재산을 보호하고 범죄 예방 업무를 맡고 있다. 길을 잃어버린 아이나 노인의 집을 찾아주기도 하고 잃어버린 물건의 주인을 찾아 주기도 한다.

② 질병의 예방과 관리를 한다. 예방 접종, 보건 교육 등의 일을 한다.

③ 지역을 나눈 단위인 '구'의 행정 사무를 맡는 곳이다. 이 곳에서는 각종 증명서 발급, 불법 주차 단속 등 해당 지역에 사는 시민들의 복지를 위한 일을 한다.

④ 불이 나지 않도록 예방하고 화재가 발생했을 때 출동한다. 그 밖에 구급 활동, 구조 활동을 한다.

⑤ 사람들끼리 다툼이 생겼을 때 재판을 담당한다.

연습 2 문장을 완성하세요.

> 체류하다   제공하다   연장하다   비치하다   거주하다

1. 가: 다음 달에 유럽으로 장기 출장을 가신다고 들었어요.
   나: 네, 영국에서 2달 간 _____ 독일로 갈 예정이에요. (-ㄴ/은 후)

2. 가: 출입국 관리 사무소에는 무슨 일로 가세요?
   나: 비자 때문에요. 1년에 한 번 비자를 _____ 가야 하거든요. (-(으)러)

3. 가: 취미 강좌 프로그램 정보는 어디에서 얻을 수 있나요?
   나: 네, 1층 입구에 프로그램 팸플릿을 _____. 나가실 때 하나 가지고 가세요.
   (-아/어/해 두다 + -했습니다)

4. 가: 한국에 _____ 외국인이 무려 200만 명이 넘는다고 해요. (-고 있다 + -는)
   나: 와, 정말 많네요. 앞으로 더 늘어날 것 같아요.

5. 가: 민아 씨 학교는 장학금 제도가 좋은 편이에요?
   나: 네, 성적 우수자에게 장학금은 물론이고 기숙사까지 무료로 _____
   (-아/어/해요)

어휘 마인드맵

재발급, 재활용 → **재** → '재' = 다시, 두 번 하다
                          재혼, 재설정

문법 ① 동-(으)려던 참이다/참에

가: 유진 씨도 커피 한잔할래요?
나: 안 그래도 마시러 가려던 참이었어요.

외식하러 나가려던 참에 친구가 우리 집에 음식을 가지고 왔다.

가: 사장님께 보고서 보냈어요?
나: 지금 완성해서 보내려던 참이에요.

버스를 타려던 참에 지갑을 안 가지고 온 것을 알았다.

-(으)려던 참이다/참에는 상대방이 이야기한 것이 마침 자신이 하려고 생각하고 있었던 것임을 나타냅니다. '막', '마침', '그렇지 않아도', '안 그래도'와 같은 부사와 자주 사용하며 참이다, 참이었다 두 형태 모두 큰 의미 차이 없이 사용합니다. 먼 미래의 일에는 사용할 수 없고 지금 바로의 일이나 아주 가까운 미래에만 사용할 수 있습니다.

연습 1 문장을 완성하세요.

> 가다   일어나다   먹다   고백하다   닫다

1. 좋아한다고 _____ 남자 친구가 생겼다는 말을 들었다. (이었는데)
2. 라면을 사러 _____ 동생이 라면을 사 왔다. (이었는데)
3. 아침에 _____ 엄마가 나를 깨우러 방에 들어오셨다. (이었는데)
4. 막 밥을 _____ 친구가 같이 밥 먹자고 전화를 했다. (-에)
5. 가게 문을 _____ 손님이 오셨다. (이었는데)

연습 2 문장을 완성하세요.

1. 가: 방이 너무 지저분한데 청소 안 하니★?
   나: 지금 막 _____ (정리하다)

2. 가: 카드를 잃어버렸으면 바로 분실 신고를 해야지요.
   나: 네, 마침 콜센터에 _____ (전화를 걸다)

3. 가: 주민 센터에서 김치 만들기 체험 행사를 진행한다던데 같이 가 볼래요?
   나: 어머, 저도 관심이 있어서 _____ (알아보다)

4. 가: 여보세요? 유진아, 나도 너한테 막 _____ (전화하다)
   나: 어머. 우리 텔레파시가 통했나 봐.

★ 도와줘요, 메리!

-니로 끝나는 문장은 비격식 의문문이며 일반 비격식체와 차이가 없습니다. 과거, 현재, 미래형으로 다 사용할 수 있습니다.

문법 ② 동-고 말다

가: 카드를 잃어버리고 말았어요.
나: 그럼 분실 신고부터 해야지요.

날짜를 착각해서 수강 신청을 놓치고 말았다.

가: 이번 토픽 시험에서는 꼭 5급을 따고 말겠어요.
나: 네, 합격할 수 있도록 저도 도울게요.

올해는 반드시 담배를 끊고 말겠습니다.

-고 말다는 의도하지 않았거나 기대하지 않은 일이 결국 일어났음을 나타냅니다. -고 말았다, -고 말 거예요 형태로 쓰이며 말하는 이의 안타까운 심정을 드러냅니다. 또 어떤 일을 꼭 하겠다는 화자의 의지를 드러내기도 합니다. -고 말겠다, -고 말 것이다 형태로 사용되며 '꼭', '반드시'와 같은 부사와 함께 사용되기도 합니다.

연습 1 문장을 완성하세요.

| 쏟다 | 깨다 | 떠나다 | 잃어버리다 | 탈락하다 |

1. 제 성격이 자상하지 못해서 여자 친구가 결국 _____
2. 할머니에게 받은 소중한 목걸이를 _____
3. 담배를 끊겠다고 여자 친구와 약속했는데 그 일 때문에 약속을 _____
4. 열심히 노력했는데 이번에도 면접에서 _____
5. 뜨거운 커피를 옷에 _____

연습 2 문장을 완성하세요.

| 이루다 | 입사하다 | 성공하다 | 합격하다 | 끝내다 |

1. 내일이 제출 마감일이에요. 오늘까지 어떻게든 과제를 _____
2. 사랑하는 그녀에게 고백을 할 거예요. 고백에 꼭 _____
3. 언젠가는 꼭 그 회사에서 일하고 싶어요. 열심히 노력해서 그 회사에 _____
4. 운전면허 시험에 두 번이나 떨어졌어요. 이번에는 반드시 _____
5. 어릴 때부터 가수가 되고 싶었어요. 가수의 꿈을 꼭 _____

연습 3 문장을 완성하세요.

1 가: 인터넷을 설치해야 한다더니 콜센터에 전화했어?
　　나: 전화를 걸기는 했는데 처음이라 당황해서 _____ (끊다)

2 가: 너무 무리하는 것 같더니 병났다면서요?
　　나: 네, 못 쉬었더니 결국 _____ (몸살이 나다)

3 가: 지난달에 잃어버린 가방을 아직도 찾고 있어요?
　　나: 네, 소중한 지갑이 들어 있어서 꼭 _____ (찾다)

4 가: 왜 한숨을 쉬세요? 무슨 일이에요?
　　나: 참았어야 하는데 남자 친구에게 화를 _____. 후회가 돼요. (내다)

5 가: 카드 비밀번호를 다섯 번이나 _____. 어떻게 해야 해요? (틀리다)
　　나: 그럼 은행에 다시 가서 재설정해야 해요.

연습 4 문장을 완성하세요.

> 실수를 하다   합격하다   안내하다   넘어지다   인정을 받다

우연히 구청 사이트에 들어갔다가 아르바이트생을 모집한다는 공고를 보게 되었다. 내 꿈이 공무원이기 때문에 좋은 경험이 될 것 같았다. 그래서 꼭 일해 보고 싶었다.
　반드시 **1** _____ (-다는) 마음으로 열심히 준비해서 면접을 봤고 어제 합격했다는 통보를 받았다.
　오늘은 일을 시작한 첫날이었다. 내가 할 일은 구청에 서류를 발급받으러 오는 사람들을 안내하는 것이었다. 그런데 구청의 일은 정말 복잡했다. 사람들이 발급받으러 오는 서류의 종류는 너무 많았다. 서류마다 어떤 부서로 가야 하는지 안내를 해야 했다.
　그런데 첫날부터 **2** _____. 2층으로 가야 되는데 3층으로 가야 한다고 잘못 **3** _____. 잘못 안내한 것을 깨닫고 제대로 알려 드리려고 뛰어가다가 **4** _____. 첫날이라서 너무 긴장을 한 것 같다. 얼른 일을 배워서 뭐든 잘해 내고 싶다. 그래서 일을 잘하는 사람으로 **5** _____

 ③  동-(으)려다(가)

가: 무슨 일이에요?
나: 빨리 가려다가 넘어지고 말았어요.

가: 인터넷으로 증명서 발급받았어요?
나: 인터넷으로 신청하려다가 오랜만에 학교 구경도 할 겸 직접 가서 받아 왔어요.

고향에서 취직을 하려다가 한국에 유학을 왔어요.

문자 메시지를 보내려다가 직접 전화해서 말씀 드렸어요.

-(으)려다(가)는 어떤 일이나 동작을 할 마음, 의도 또는 계획이 있었지만 그것을 하지 않았을 때 사용합니다. 처음의 의도와는 다른 결과가 발생했을 때도 사용합니다.

연습 1 문장을 완성하세요.

1. 회사를 _____ 마음이 바뀌어서 계속 다니기로 했다. (그만두다)
2. 헌 옷을 _____ 나중에 필요할 것 같아서 안 버렸다. (버리다)
3. 재채기가 _____ 멈췄어요. (나오다)
4. 운동하러 _____ 친구가 갑자기 우리 집에 온다고 해서 청소했어요.
   (나가다)
5. 식당을 _____ 엄마한테 전화가 오는 바람에 깜빡했어요. (예약하다)

연습 2 문장을 완성하세요.

1. 가: 유진 씨, 그 옷 마음에 안 들어서 환불하겠다고 하더니 입고 왔네요?
   나: _____ 귀찮아서 그냥 입기로 했어요.

2. 가: 어제 공휴일이었는데 뭐 했어요?
   나: 놀이공원에 _____ 사람이 많은 것 같아서 안 가고 쉬었어요.

3. 가: 주민 센터에서 하는 댄스 강좌에 신청했어요?
   나: _____ 이번 달에는 바쁠 것 같아서 안 했어요.

4. 가: 어제 시험공부 많이 했어요?
   나: 아니요, 10분만 _____ 아침까지 자고 말았어요.

5. 가: 구경만 한다더니 뭘 그렇게 많이 샀어요?
   나: 구경만 _____ 너무 예뻐서 다섯 벌이나 사고 말았네요.

민아: 빙궁 씨, 이사했어요?

빙궁: 네, 이사 잘 끝냈어요. 그런데 너무 힘들어서 그런지 몸살이 나고 말았어요.

민아: 고생했네요. 회사 근처로 이사했죠? 앞으로 출퇴근이 편하겠어요.

빙궁: 아니요, 회사 근처로 이사하려다가 집값이 너무 비싸서 좀 떨어진 곳으로 이사했어요. 지금 빨리 출입국 관리 사무소에 가서 체류지 변경 신고를 해야 돼요.

민아: 그럴 필요 없어요. 체류지 변경 신고는 온라인으로 가능해요. 그리고 전입 신고와 확정 일자 신고도 해야 하는 거 알죠? 그건 주민 센터에서 하면 돼요.

빙궁: 아, 그래요? 혹시 언제까지 신고해야 하는지 알아요?

민아: 체류지 변경 신고처럼 이사 후 15일 이내에 신고해야 해요. 그렇지 않으면 과태료를 내야 해요. 이사한 지 얼마나 됐죠?

빙궁: 이제 거의 2주 정도 됐어요. 빨리 주민 센터에 가서 신고해야겠네요. 뭘 준비해야 하죠?

민아: 인터넷으로 확인할 수 있어요. 안 그래도 지금 빙궁 씨 집 근처에 가려던 참이었으니까 제가 가서 도와 줄게요.

연습 1 대화문에 대해 답하세요.

1. 빙궁은 왜 회사 근처로 이사하지 않았습니까?

2. 전입 신고와 체류지 변경 신고는 어디서 하면 됩니까?

3. 체류지 변경 신고는 이사한 후 며칠 이내에 해야 합니까?

연습 2 여러분에 대해 답하세요.

1. 여러분은 출입국 관리 사무소에 가 본 적이 있습니까?

2. 출입국 관리 사무소에 무슨 일 때문에 갔습니까?

말하기

연습 1 친구와 묻고 답하세요.

> **보기**
> 가: _____ 씨는 올해 꼭 이루고 싶은 것이 있어요?
> 나: 저는 올해 반드시 _____고 말 거예요.

1. 내년에 꼭 이루고 싶은 것
2. 10년 안에 이루고 싶은 것
3. 죽기 전에 꼭 하고 싶은 것
4. _____

연습 2 친구와 묻고 답하세요.

> **보기**
> 가: _____ 씨는 어떻게 한국어를 공부하 게 되었어요?
> 나: 처음에는/원래는 _____ 을/를 _____ (으)려다가 _____ 아/어서 _____ 았/었어요.

1. 외국어 공부
2. 운동
3. 취미
4. 전공
5. 취직
6. 유학하는 나라

연습 3 친구와 묻고 답하세요.

> **보기**
> 가: 여행 가려 고 하다가 말았던 적이 있어요?
> 나: 이번 방학에 제주도에 여행을 가 려다가 안 가기로 했어요.
> 가: 왜요?
> 나: _____

계획	상태	안 하는 이유
유학을 가다 _____ 에 가다 _____ 을/를 배우다 결혼하다	안 하기로 했다. 포기했다. 말았다.	

연습 4 친구와 묻고 답하세요.

1 여러분 나라의 주요 공공 기관에서는 어떤 일을 하고 있습니까?

> 보기
> 우리 나라의 주요 공공 기관에는 _____, _____, _____, _____ 등이 있습니다.
> _____ 에서는 _____.

우리 나라의 주요 공공 기관	하는 일
1	
2	
3	

2 여러분은 한국에서 공공 기관을 이용해 본 적이 있습니까? 그곳에서 하는 일은 무엇입니까?

한국의 주요 공공기관	하는 일
1 시청	교통, 환경, 세금, 문화, 복지 와/과 관련된 일
2 구청	민원서류 발급, 환경, 쓰레기 처리 와/과 관련된 일
3 주민 센터	_____ 와/과 관련된 일
4 보건소	
5 출입국 관리 사무소	

듣기

연습 1 안내 방송을 듣고 답하세요.

1 무엇에 대해서 말하고 있습니까?

① 강의실이나 공연장 예약

② 공공 서비스 예약

③ 웹 사이트 사용 방법

④ 공공 서비스 결제 방법

2 맞는 것에 ○, 틀린 것에 ✕ 하세요.

① 공공 서비스 예약은 모두 무료로 이용할 수 있다. (   )

② 공공 서비스는 인터넷으로 예약이 가능하다. (   )

③ 공공 서비스 예약은 인기가 많기 때문에 미리 해야 한다. (   )

④ 술을 가져가서 마실 수 있는 시설도 있다. (   )

3 공공 서비스 이용 방법을 쓰세요.

연습 2 대화를 듣고 답하세요.

1 여자는 공공서비스 예약을 어떻게 알게 되었습니까?

2 맞는 것에 ○ 하세요.

① 여자는 공연 동호회 활동을 하고 있다.

② 여자와 남자는 동호회 모임 장소를 함께 찾고 있었다.

③ 여자는 한국어를 잘 모를 때 관공서 가는 것을 포기했다.

④ 구청이나 시청에서 제공하는 복지 서비스는 외국인도 이용할 수 있다.

읽기와 쓰기

연습 1 글을 읽고 질문에 답하세요.

여러분은 주민 센터를 이용해 보신 적이 있어요? 주로 이사 후 전입 신고를 하거나 각종 서류 발급이 필요할 때 주민 센터를 이용하게 됩니다. 또 가구 등 대형 폐기물을 버려야 할 때 주민 센터에 먼저 신고를 하고 폐기물 스티커를 발급받아야 합니다. 주민 센터에서 스티커를 발급받아야만 대형 폐기물을 버릴 수 있어요.

주민 센터에서는 신고나 서류 발급 등의 민원 업무 이외에도 주민들을 위한 다양한 편의 시설과 프로그램을 운영하고 있습니다. 지역마다 다르지만 주민 센터에서는 헬스장이나 도서관, 교육 프로그램을 운영합니다. 주민 센터에서 운영하는 헬스장이나 교육 프로그램은 아주 저렴한 가격에 이용할 수 있습니다. 서예 교실, 외국어 학습 교실, 요가, 에어로빅 등 아동이나 성인을 대상으로 하는 학습이나 취미 강좌도 쉽게 이용할 수 있습니다.

또 망치나 드라이버와 같은 공구를 대여해 주기도 하고 프린터기도 사용할 수 있게 해 주기도 합니다.

이처럼 민원 업무 외에도 다양한 복지 서비스를 지원하고 있습니다. 그러나 지역 주민 센터마다 제공하고 있는 서비스가 다르기 때문에 우리 동네 주민 센터에서는 어떤 서비스를 제공하고 있는지 방문하기 전에 먼저 확인해 보시기 바랍니다.

1 맞는 것에 ◯ 하세요.

① 주민 센터는 원래 교육 프로그램을 운영하는 일을 하는 곳이다.
② 주민 센터에서 운영하는 교육 강좌와 복지 시설은 모두 무료이다.
③ 주민 센터의 복지 서비스는 성인만을 대상으로 한다.
④ 헬스장이나 도서관을 운영하는 주민 센터도 있고 그렇지 않은 곳도 있다.

2 주민 센터에서 하는 일을 모두 정리해 보세요.

일반적으로 하는 일	복지 서비스

연습 2 글을 읽고 질문에 답하세요.

외국인 체류지 변경 신고

한국에 사는 외국인은 이사를 하면 출입국 관리 사무소나 주민 센터에 '체류지 변경 신고'를 해야 합니다. 체류지 변경 신고를 하지 않으면 과태료를 낼 뿐만 아니라 한국에서 비자 연장을 할 수 없고 여러 업무에 제한을 받게 됩니다.

외국인 체류지 변경 신고는 인터넷으로 할 수 있고 직접 방문해서도 할 수 있습니다. 인터넷이든 방문 접수든 수수료는 없습니다. 그러나 인터넷으로 할 경우에는 본인 인증을 해야 합니다. 본인 인증을 위해서는 공동 인증서가 필요합니다. 공동 인증서는 한국에서 모바일 은행을 이용하거나 공공 기관에 필요한 서류를 제출하거나 발급받을 때 필요한 전자 서명을 말합니다. 공동 인증서를 발급받지 않았다면 은행에 가서 발급받을 수 있습니다.

직접 출입국 관리 사무소에 방문한다면 비치되어 있는 통합 신청서를 작성할 수 있습니다. 이 신청서에는 여권 사진이 필요하며 이사할 때 계약한 부동산 계약서도 필요합니다. 학교나 회사 기숙사에 거주하고 있다면 기숙사에서 숙소 제공 확인서를 받아서 가면 됩니다.

체류지 변경 신고는 이사한 날로부터 15일 이내에 해야 합니다.

1 맞는 것에 ◯, 틀린 것에 ✕ 하세요.

① 체류지 변경 신고를 하지 않으면 비자를 연장할 수 없다. ( )
② 체류지 변경 신고를 인터넷으로 하면 수수료가 비싸다. ( )
③ 출입국 관리 사무소에 갈 때 공동 인증서를 꼭 가지고 가야 한다. ( )
④ 이사한 후 15일이 지나도록 신고를 안 하면 과태료를 내야 한다. ( )

2 출입국 관리 사무소에 체류지 변경 신고를 하러 갈 때는 무엇을 가지고 가야 합니까?

① _____ ② _____

연습 3 다음 질문에 대해 생각하고 227페이지에 글을 쓰세요.

- 여러분은 한국에서 어떤 관공서에 가 봤습니까?
- 거기에 무슨 업무를 보러 갔습니까? 어떤 절차를 밟았습니까?
- 관공서를 이용할 때 어떤 어려운 점이 있었습니까?

영상을 보고 한국의 관공서에 대해 더 알아보세요.

외국인 주민 전용 관공서

한국에 있는 외국인들은 출입국 관리 사무소에 익숙하지만, 그 외에도 외국인들이 알아두어야 할 몇 가지 다른 장소들이 있어요: **외국인주민지원센터, 글로벌빌리지센터, 글로벌센터, 외국인노동자센터, 글로벌청소년교육센터, 그리고 외국인노동자센터.** 이 관공서들은 외국인들 위해 외국살이 하면서 문제나 고민이 있을 때 도와주는 서비스를 제공해요.

이 센터들은 한국 전 지역에 위치해 있지만, 서울에 가장 많아요. 한국에 등록된 모든 주민들에게 10개 이상의 언어로 다양한 서비스가 무료로 제공됩니다. 제공되는 서비스들은 다음과 같아요:

상담 서비스	문화 서비스	전문 교육
■ 법률 상담 ■ 노무 상담	■ 한국어 수업	■ 창업 및 투자 교육
■ 심리 상담 ■ 의료 상담	■ 방송댄스 수업	■ 미디어/디지털 콘텐츠 제작 교육
■ 세무 상담 ■ 행정 상담	■ 한국문화 체험	■ 안전교육
■ 금융 상담 ■ 주거 상담	■ 미술 수업	■ 사회통합 프로그램 (KIIP)
■ 교육 상담 ■ 출입국/비자 상담	■ 여행지/숙박 상담	■ 종사자 교육
■ 지역 복지 상담 ■ 일상생활 상담		

한국에서 거주하시면서 고민할 게 있으면 언제나 이 센터들에 연락하거나 방문해 보세요.

복습 ②

연습 1 맞는 것에 ○ 하세요.

1 사고가 났는데 다친 곳이 하나도 없다. 정말 _____ 이/가 좋았다.
   ① 복   ② 운   ③ 미신   ④ 불행

2 아직 한국어가 서툴러서 영어 _____ 이/가 없으면 한국 영화를 볼 수 없다.
   ① 자막   ② 평점   ③ 반전   ④ 효과음

3 구청에서 증명서를 떼려면 100원의 _____ 을/를 내야 합니다.
   ① 계정   ② 과태료   ③ 수수료   ④ 번호표

4 '낮말은 새가 듣고 밤말은 쥐가 듣는다'라는 속담에는 말을 조심해야 한다는 _____ 이/가 담겨 있다.
   ① 교훈   ② 버릇   ③ 험담   ④ 장면

연습 2 문장을 완성하세요.

> 곤란하다   상영하다   연장하다   다운로드하다   행운을 빌다

1 가: 내일 인턴십 프로그램 면접이 있는데 너무 떨려요.
   나: 잘할 거예요. _____ (-ㄹ/을게요)

2 가: 인터넷에서 본인 인증을 하려면 어떻게 해야 돼요?
   나: 먼저 공동 인증서를 _____ 본인 인증을 할 수 있어요. (-ㄴ/은 다음에)

3 가: 저랑 친한 친구 두 명이 싸워서 제가 어떻게 해야 할지 모르겠어요.
   나: 정말 _____ 상황이겠네요. (-ㄴ/은)

4 가: 요즘 _____ 영화 중에 어떤 게 제일 재미있어요? (-고 있는)
   나: 저도 영화관에 간 지 오래돼서 잘 모르겠네요.

5 가: 완 씨, 내년에도 한국에서 공부할 거예요?
   나: 내년까지 있으려면 비자를 _____ 고민하고 있어요.
       (-아/어/해야 하다 + -아/어/해서)

연습 3 문장을 완성하세요.

> -는 대로   -ㄴ 채로   -(으)려다가
> -기는커녕   -ㄴ/은/는데도 불구하고   -느니 차라리

작년에 친구와 같이 사주를 보러 갔다. 처음에는 **1** _____ (보지 않다) 친구가 재미로 보자고 해서 보기로 했다. 그런데 점쟁이가 내 사주를 보더니 지금 만나고 있는 남자 친구와 헤어지지 않으면 내년에 불행이 닥칠 수도 있다고 했다. 그 말을 듣고 너무 찝찝했다. 그렇지만 **2** _____ (찝찝하다) 나는 남자 친구를 너무 사랑하기 때문에 헤어지지 않기로 했다. 남자 친구와 **3** _____ (헤어지다) 불행이 닥치는 게 낫다고 생각했다. 그 이후로 나는 점쟁이의 말을 **4** _____ (잊다) 지냈다. 1년이 지난 지금, 나는 남자 친구와 헤어지지 않았지만 **5** _____ (불행이 닥치다) 좋은 일들만 더 많이 생겼다. 점쟁이가 **6** _____ (말하다) 남자 친구와 헤어졌다면 나는 슬픈 한 해를 보냈을 것이다.

연습 4 문장을 완성하세요.

> -고 말다   -거든요   -ㄴ/는다고 하더니
> -(으)려던 참이다   -ㄹ/을 게 뻔하다

선생님: 다 왔나요? 이제 곧 출발할 거예요.
신이: 완 씨가 아직 안 왔어요.
민아: 완 씨는 **1** _____ (지각하다)
선생님: 왜요?
민아: 항상 **2** _____ (늦게 오다)
신이: 어, **3** _____ (호랑이도 제 말하면 오다)
   저기 완 씨가 와요.
민아: 완 씨가 웬일이에요? 오늘은 지각을 안 했네요?
완: 제가 올해는 꼭 지각하는 버릇을 **4** _____ 했잖아요.
   (고치다, -겠다고)
선생님: 대단하네요! 막 **5** _____ 늦지 않아서 다행이에요.
   (출발하다, -았/었/했는데)

11

SCAN FOR AUDIO

주요 표현
서로 조금만 더 배려했더라면 이런 끔찍한 일이 벌어지지 않았을 텐데 안타깝네요.

문법
- 형 동 -ㄹ/을 리(가) 없다, 명 일 리(가) 없다
- 형 동 -았/었/했더라면
- 형 -ㄴ/은 탓에, 동 -ㄴ/은/는 탓에, 명 탓에

한국 이야기
한국의 층간 소음 문제

어휘 및 표현

[사건/사고]

  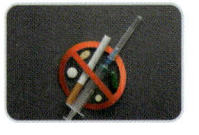  

| 강도 | 강간 | 마약 | 방화 | + 사건 |
| 사기 | 살인 | 절도 | 폭행 | |

사건이
터지다   발생하다
벌어지다 일어나다

+

사건을
일으키다 저지르다
조사하다 해결하다

[범죄]

음주 운전	무단 횡단	스토킹	보이스 피싱
범죄를 일으키다	범죄를 저지르다	죄를 짓다	감옥에 가다
살인(하다)	살해(하다)	처벌(하다)	처벌이 약하다
처벌을 강화하다	악용하다	위반하다	끔찍하다
신고하다	(경찰이) 출동하다	대처하다	층간 소음
가해자	피해자	살인자	목격자
부상자	사상자	도둑/강도	범인

[기타]

| 부담감 | 급증하다 | 상온 | 제때 | 투숙객 | 노년층 | 혐의 |
| 징역 | 부인하다 | 사기 수법 | 강제 | 빠뜨리다 | 주장하다 | 숨기다 |

연습 1 알맞은 것을 연결하세요.

1. 방화 •   • ① 불을 지른 사건이에요.
2. 사기 •   • ② 사람을 죽인 사건이에요.
3. 살인 •   • ③ 남을 속여서 돈을 번 사건이에요.
4. 절도 •   • ④ 다른 사람을 때려서 다치게 한 사건이에요.
5. 폭행 •   • ⑤ 다른 사람의 물건을 몰래 훔친 사건이에요.

연습 2 알맞은 단어를 쓰세요.

1. ☐☐☐ : 죽거나 다친 사람
2. ☐☐☐ : 어떤 해를 당한 사람
3. ☐☐☐ : 다른 사람에게 피해를 준 사람
4. ☐☐☐ : 어떤 일이나 사건이 벌어진 현장을 눈으로 직접 본 사람

연습 3 문장을 완성하세요.

> 끔찍하다   벌어지다   저지르다   처벌하다

1. 가: 중학생들이 길을 걷던 노인을 이유 없이 폭행했대요.
   나: 정말 _____ 사건이네요. (-ㄴ)
2. 가: 방금 저 사람이 범죄를 _____ 도망갔어요. (-고)
   나: 경찰서에 신고부터 합시다.
3. 가: 연예인 A 씨는 자신을 오랫동안 스토킹한 팬을 신고했다고 해요.
   나: 아무리 팬이라도 스토킹은 범죄이니 당연히 _____
                                         (-아/어해야 하지요)
4. 가: 무슨 일 있어요? 경찰차가 왜 이렇게 많아요?
   나: 이 아파트에서 층간 소음 때문에 폭행 사건이 _____
                                         (-대요)

[어휘 마인드맵]

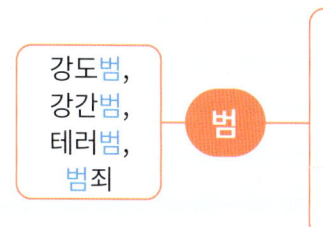

'범' = 죄를 짓다; 법을 어기다

*사건 명사 뒤에 붙으면
'그 사건이나 범죄를 저지른 사람'이란 의미가 있음

납치범, 방화범, 사기범, 살인범, 범죄자

문법 ① 형 동 -ㄹ/을 리(가) 없다, 명 일 리(가) 없다

가: 저 두 사람 사귀는 거 아니에요?
나: 둘이 매일 보기만 하면 싸우는데 절대 사귈 리가 없어요.

우리 엄마가 한 음식이 맛이 없을 리가 없죠.

가: 보고서 제목이 잘못된 거 같은데요? 지수 씨가 실수한 거 아니에요?
나: 꼼꼼한 지수 씨가 실수할 리가 없잖아요.

비싸게 주고 산 가방인데 가짜일 리가 없다.

-ㄹ/을 리(가) 없다, 일 리(가) 없다는 그렇게 될 이유나 가능성이 없다는 의미로 확신을 가지고 말할 때 사용합니다. 어떤 사실에 대해서 부정할 때 **그럴 리가 없다**라는 표현으로도 많이 사용합니다. 또한 확신을 강조할 때에는 '절대'와 같은 부사와 같이 사용됩니다. 과거형은 **-았/었/했을 리가 없다**이고 의문형으로 쓰이는 **-ㄹ/을 리가 있(겠)어요?**는 **-ㄹ/을 리가 없다**와 같은 의미로 사용합니다.

연습 1 문장을 '-ㄹ/을 리(가) 없다'를 사용하여 바꿔 쓰세요.

1 한국에서 취업하는 것이 절대 쉽지 않을 것이다.
→ _____

2 그 착한 사람은 살인자가 아닐 것이다.
→ _____

3 옆집 남자가 범죄를 저지르지 않았을 것이다.
→ _____

4 계속 미뤄서 일을 제때 끝낼 수 없을 것이다.
→ _____

연습 2 문장을 완성하세요.

★ 도와줘요, 메리!
-ㄴ/는다니(요)는 어떤 소식을 듣고 놀라거나 기분이 조금 안 좋을 때 사용하는 문법입니다.

1 가: 이번 일을 실패하면 어떡하지?
  나: 열심히 준비했잖아. 절대 _____ 걱정하지 마. (-(으)니)

2 가: 아이돌 A 군이 결혼을 한대요.
  나: 네? 결혼을 한다니요★? 여자 친구도 없다고 한 사람이 _____

3 가: 가수 A 씨가 음주 운전을 했대요.
  나: 그 가수는 방송에서 술을 못 마신다고 했는데요? 술을 못 마시는 사람이
     _____ (-잖아요)

4 가: 정수 씨가 이번에는 약속을 꼭 지키겠다는 말이 진짜겠지요?
  나: 그 말을 믿어요? 맨날 거짓말만 하는 사람 말이 _____ (-지요)

문법 ② 형 동 -았/었/했더라면

가: 조금만 더 열심히 공부했더라면 합격했을 텐데 아쉽다.
나: 이제 와서 후회하면 뭐 해?

일찍 일어났더라면 늦지 않았을 텐데요.

가: ACT 무대는 벌써 끝났어?
나: 응. 조금만 더 빨리 왔더라면 너도 볼 수 있었을 텐데.

일을 미루지 않고 미리 했더라면 지금 이렇게 고생하지 않았을 것이다.

-았/었/했더라면은 현재 사실과 반대되는 상황을 가정하고 추측되는 결과를 이야기할 때 사용합니다. 보통 -았/었/했을 텐데(요), -았/었/했을 것이다와 짝을 이룹니다. -았/었더라면은 뒤의 내용에 미래에 대한 추측을 쓸 수 없습니다.
예) 차가 막히지 않았더라면 기차를 놓치지 않을 것이다. (X)

연습 1 문장을 완성하세요.

1 차가 막혔다 / 기차를 놓쳤다
   → _____ 기차를 놓치지 않았을 텐데요.

2 친구들이 도와줬다 / 한국 생활에 적응할 수 있었다
   → _____ 한국 생활에 적응할 수 없었을 것이다.

3 조심하지 않았다 / 사고가 발생했다
   → _____

4 처벌하지 않았다 / 같은 범죄가 일어났다
   → _____

연습 2 어울리는 표현을 연결해서 대화를 완성하세요.

1 작업을 하다   •   • 사고가 나다
2 무단 횡단을 하다   •   • 더 재미있다
3 연기가 자연스럽다   •   • 파일이 날아가다

1 가: 컴퓨터에 갑자기 오류가 나서 작업하던 파일이 다 날아갔어요.
   나: 저장하면서 _____

2 가: 어떤 사람이 무단 횡단을 해서 사고가 났다면서요?
   나: 네. 그 사람이 _____

3 가: 영화가 어땠어? 배우들 연기가 좀 어색하지 않아?
   나: 응. _____ 좀 아쉽네.

 ③ 형-ㄴ/은 탓에,
동-ㄴ/은/는 탓에, 명 탓에

가: 왜 이렇게 늦었어요?
나: 제가 탄 버스가 늦게 출발한 탓에 늦었어요.

가: 어렸을 때 꿈이 뭐였어요?
나: 저는 모델이 되는 것이 꿈이었는데 키가 작은 탓에 꿈을 포기했어요.

아침에 알람을 못 들은 탓에 늦잠을 잤다.

추운 날씨 탓에 감기에 걸렸다.

담배를 오랫동안 피운 탓에 폐암에 걸리고 말았다.

-ㄴ/은 탓에, -ㄴ/은/는 탓에, 탓에는는 부정적인 결과에 대한 이유를 이야기할 때 사용합니다. 동사의 경우는 앞의 이유와 뒤의 결과를 연결할 때에는 -ㄴ/은/는 탓에, -ㄴ/은/는 탓으로로 쓰이며, 뒤에서 이유를 설명할 때에는 -ㄴ/은/는 탓이다로 사용할 수 있습니다.

연습 1 문장을 만드세요.

1 친구가 늦게 오다 / 비행기를 놓쳤어요.
   →

2 옆집 사람들이 밤새 시끄럽게 떠들다 / 잠을 잘 못 잤어요.
   →

3 친구가 옆에서 떠들다 / 집중을 못 하겠어요.
   →

4 A 씨는 끔찍한 범죄를 저지르다 / 사형이 선고됐어요.
   →

5 한국에서는 과일값이 비싸다 / 자주 사 먹을 수가 없어요.
   →

연습 2 문장을 완성하세요.

> 믿다   긴장하다   발생하다   정신이 없다   배달이 밀리다

1 가: 이거 구청에 가져가야 하는 서류 아니에요? 잘 챙겨야지요.
  나: _____ 중요한 서류를 빠뜨릴 뻔했네요.

2 가: 피자 주문했어? 언제 온대?
  나: _____ 1시간 정도 걸릴 것 같대.

3 가: 원숭이도 나무에서 떨어진다더니 세계 1등 선수가 실수를 했네요.
  나: 1등이라는 부담감 때문에 너무 _____ 실수를 한 것 같아요.

4 가: 기사님, 왜 이렇게 차가 막혀요?
  나: 방금 교통사고가 _____ 교통이 통제되었대요.

5 가: 지훈 씨는 살면서 사기를 당한 적이 있어요?
  나: 네. 저는 사람을 잘 _____ 사기를 여러 번 당했어요.

연습 3 그림을 보고 문장을 완성하세요.

1  눈이 와서 길이 _____

2 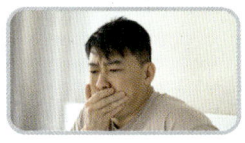 어제 회식에서 _____

3  _____ 사고가 났어요.

4  범죄를 _____

연습 4 알맞은 것을 연결하고 문장을 완성하세요.

1 더운 날씨 • • 식중독에 걸리다
2 음주 운전을 하다 • • 운전면허가 정지됐다
3 처벌이 약하다 • • 취업 사기가 늘다
4 세계 경제가 어렵다 • • 청소년 범죄가 줄지 않다
5 취업난 • • 취업난이 더욱 심각해지다

BREAKING NEWS

오늘의 사건 사고 소식을 전해 드리겠습니다. 먼저 요즘 1 _____ 사람들이 급증하고 있다고 합니다. 상한 음식을 먹고 배탈이 나서 병원에 오는 환자들이 늘고 있다고 하니 음식은 상온에 두지 마시고 냉장고에 넣어 보관하는 것을 추천해 드립니다. 다음으로 유명 가수 A씨가 2 _____ (-다고) 합니다. 음주 운전은 살인으로 이어질 수 있는 범죄이니 절대 하면 안 되겠습니다. 세 번째 소식은 요즘 청소년들이 범죄를 저지르더라도 그에 대한 3 _____ 다며 처벌을 강화해야 한다는 목소리가 커지고 있습니다. 마지막으로 4 _____ (-ㄹ/을) 것이라는 소식입니다. 또 5 _____ (-고) 있다고 하니 가짜 구인 광고에 속지 않도록 주의할 필요가 있겠습니다. 오늘의 사건 사고 소식을 마치겠습니다.

완: 민아 씨, 저 지금 민아 씨 오피스텔 앞에 도착했는데 여기 무슨 일이 있어요? 경찰차가 왜 이렇게 많이 와 있어요?

민아: 아, 방금 제가 사는 오피스텔에서 층간 소음 때문에 폭행 사건이 벌어졌대요.

완: 뭐라고요? 폭행 사건이요?

민아: 네, 위층에서 계속 뛰어다니고 시끄럽게 **한 탓에** 스트레스를 받던 아래층 사람이 위층에 사는 사람에게 조용히 해달라고 했다가 둘이 싸움이 나서 폭행까지 하게 되었대요.

완: 위층에서 많이 시끄럽게 했나 봐요?

민아: 네. 아래층 사람이 잠도 못 잘 정도로 스트레스를 받아서 위층에 메모도 남기고 몇 번 부탁을 했는데도 고쳐지지 않았대요. 그래서 또 말하러 올라갔다가 다툼이 생긴 것 같아요.

완: 요즘 층간 소음 문제로 다투는 이웃들이 많다더니 안타깝네요. 서로 조금만 더 배려**했더라면** 이런 일이 벌어지지 않았을 **텐데**...

민아: 그렇죠. 서로 조심하고 배려하면 싸움이 일어**날 리가 없죠**. 아 맞다! 오피스텔 앞이라고 했죠? 바로 내려갈게요.

연습 1 대화문에 대해 답하세요.

1. 어디에서 사건이 벌어졌습니까?

2. 무슨 사건이 벌어졌습니까?

3. 왜 그 사건이 벌어졌습니까?

연습 2 여러분에 대해 답하세요.

1. 여러분은 지금까지 살면서 사건, 사고를 목격한 적이 있습니까?

2. 그 일은 언제, 어떻게, 왜 일어났습니까?

말하기

연습 1 친구와 이야기하세요.

보기
가: 유명 연예인 김 씨가 마약을 했 다고 해요.
나: 뭐라고요? 김 씨는 절대 마약을 했 을 리가 없어요.
그 사람은 지금 마약 금지 운동을 하고 있는 것으로 알고 있는데요?

뉴스나 신문을 통해 알게 된 사실	내가 알고 있는 사실
1 유명 가수 서 씨가 폭행을 했다.	그 사람은 착한 사람으로 유명하다.
2 아이돌 이 씨와 최 씨가 사귄다.	두 사람은 사귀는 사람이 있다.
3 유명 연예인 커플 박 씨와 오 씨가 헤어졌다.	두 사람은 10년을 사귀었고 얼마 전에 결혼 발표를 했다.
4	

연습 2 후회되는 일에 대해서 친구와 묻고 답하세요.

보기

가: _____ 씨는 후회되는 일이 있어요?
나: 네. 이 일을 더 빨리 시작하지 않은 게 후회돼요.
조금만 더 빨리 이 일을 시작 했더라면 아마 돈을 더 많이 모았 을 거예요.
가: 늦었다고 생각할 때가 빠른 거래요.

후회되는 일	예상하는 결과
1 좋아하는 여자한테 고백하지 않은 것	지금 사귀고 있다
2 더 어렸을 때 어학연수를 가지 않은 것	한국어 실력이 더 빨리 늘었다
3 가장 친했던 친구와 싸운 일	사이가 멀어지지 않았다
4	

연습 3 친구와 이야기해 보세요.

보기

저는 고향 집에서 살 때 집에 도둑이 든 적이 있어요. 우리 가족이 밖에 나가서 외식을 하고 돌아왔는데 집 문이 열려 있는 거예요. 부모님께서 문을 안 잠갔을 리가 없는데 문이 열려 있어서 우리는 깜짝 놀랐어요. 안에 들어가 보니 서랍들이 열려 있고 집이 엉망이었어요. 도둑이 귀중한 물건들을 다 훔쳐 간 탓에 우리 가족은 너무 화가 났어요. 부모님께서는 그날 외식을 하지 않았더라면, 조금만 더 일찍 집에 돌아 왔더라면 도둑이 들지 않았을 거라며 안타까워하셨어요. 경찰서에 신고했지만 도둑은 잡지 못했어요.

1 여러분이 직접 겪었던 사건, 사고에 대해서 이야기해 보세요.

	사건/사고 내용
언제 발생했습니까?	
어디에서 발생했습니까?	
무슨 사건이 발생했습니까?	
왜 발생했습니까?	
어떻게 됐습니까?	

2 여러분 나라에서 일어난 사건, 사고 중 가장 기억에 남는 일에 대해서 이야기해 보세요.

	사건/사고 내용
언제 발생했습니까?	
어디에서 발생했습니까?	
무슨 사건이 발생했습니까?	
왜 발생했습니까?	
어떻게 됐습니까?	

듣기

연습 1 대화를 듣고 답하세요.

1 어떤 사건이 발생했습니까?

2 어디에서 사건이 발생했습니까?

_____

3 맞는 것에 ○, 틀린 것에 ✕ 하세요.

① 현재 날씨는 바람이 많이 분다. (   )
② 사상자가 점점 늘어나고 있다. (   )
③ 사건이 발생한 후 대처가 늦었다. (   )
④ 목격자가 있어 범인을 쉽게 잡을 수 있었다. (   )

연습 2 인터뷰를 듣고 답하세요.

1 무엇에 대해서 말하고 있습니까?

① 피싱 범죄   ② 스토킹 범죄   ③ 음주 운전 범죄   ④ 해킹 범죄

2 틀린 것에 ○ 하세요.

① 범인들은 거짓말로 돈을 요구하거나 정보를 수집한다.
② 최근에는 대출 사기, 아르바이트 사기도 많아지고 있다.
③ 누구나 당할 수 있는 범죄이지만 노년층 피해자가 많은 편이다.
④ 문자로 전송된 인터넷 사이트 주소는 확인을 위해 클릭해 보는 것이 좋다.

3 이 범죄가 해결되지 않는 이유로 틀린 것에 ○ 하세요.

① 범죄자들이 외국에서 활동하기 때문에
② 다른 사람의 개인 정보를 악용하기 때문에
③ 새로운 사기 수법들이 계속 생겨나기 때문에
④ 피해자들이 신고를 하지 않고 피해 사실을 숨기기 때문에

연습 1 기사를 읽고 질문에 답하세요.

물건 훔치다가 옷장에서 잠든 황당한 도둑

웅진 일보 / 2023년 7월 7일

지난 7월 5일 미국에서 황당한 사건이 일어났다. 술에 취한 도둑이 빈집에 물건을 훔치러 들어갔다가 옷장에서 잠이 들어 경찰에 붙잡혔다.

경찰에 따르면 도둑은 새벽 2시에 술에 취한 채로 A 씨의 집에 몰래 들어가 훔칠 물건을 찾다가 갑자기 너무 피곤해져서 옷장 안에 들어가 깜박 잠이 들었고 다음 날 아침에 돌아온 집주인 A 씨가 옷장에서 잠든 도둑을 발견하여 경찰에 신고하여 붙잡혔다.

집주인 A 씨는 "옷장을 열고 깜짝 놀랐다"며 "도둑이 술에 취해 잠들지 않았더라면 큰일 났을 텐데 다행이다"라고 말했다. 경찰은 "도둑이 칼을 가지고 있었지만 깊이 잠든 탓에 위험한 사건이 벌어지지 않았고 쉽게 잡을 수 있었다"고 말했다.

경찰 조사에서 도둑은 "술에 취해서 집을 잘못 찾아간 것"이라고 주장하며 강도 혐의를 부인하고 있지만 이전에도 절도로 처벌을 받은 적이 있는 것으로 나타났다.

1 기사 내용을 정리하세요.

언제?	①
어디에서?	미국
누가?	②
무엇을?	빈집에 들어가 물건을
어떻게?	③

2 맞는 것에 ◯, 틀린 것에 ✕ 하세요.

① 옆집 사람이 도둑을 목격하고 신고했다. (　　)

② 도둑은 칼을 가지고 집주인을 공격했다. (　　)

③ 도둑은 강도 혐의를 인정하지 않고 있다. (　　)

④ 도둑은 처음 저지르는 범죄라 긴장돼서 술을 마셨다. (　　)

연습 2 글을 읽고 질문에 답하세요.

> 생각만 해도 설레는 해외여행. 그런데 설레는 마음을 가지고 떠난 여행지에서 사기를 당한다면 어떨까요? 여행에서 아름다운 추억을 만들기는커녕 불쾌한 경험으로 남을 수 있겠죠? 그러한 일이 발생하지 않도록 해외여행에서 자주 발생하는 사기 수법과 대처하는 방법에 대해서 알아보겠습니다.
> 　첫째, 택시 사기입니다. 처음 가 본 낯선 여행지에서는 택시가 편하기 때문에 택시를 자주 이용하게 됩니다. 그런데 관광객을 상대로 요금을 표시하는 기계가 고장 났다고 하며 요금을 비싸게 받는 사기가 있습니다. 특히, 공항이나 관광지 근처에서 택시를 잡을 때 많이 발생하는 사기입니다. 택시 기사가 직접 와서 싸게 해 준다며 데려가려고 하면 피하는 것이 좋습니다. 가능하면 호텔이나 쇼핑몰 앞에서 직원이 직접 잡아주는 택시를 타는 것이 안전합니다. 또한 요즘은 택시를 이용할 수 있는 앱이 잘 되어 있으니, 앱을 이용해서 목적지까지의 요금과 운전자에 대한 평가를 확인하는 것이 좋습니다.
> 　둘째, 물건을 강제로 사게 하는 사기입니다. 유명한 관광지 길거리에서 갑자기 모르는 사람이 친절하게 다가와서 무료라면서 장미꽃이나 팔찌 등을 선물로 주는 일이 있습니다. 그런데 이것을 진짜 선물이라고 생각해서 받으면 절대 안 됩니다. '고맙다'고 말하고 가려는 순간, 돈을 달라고 할 수 있기 때문입니다. '나는 필요 없다'고 말하면 이미 받은 것이니 돈을 내라고 하거나 거절하는 사이에 다른 사람이 와서 내 소지품을 가져갈 수도 있습니다. 이러한 상황을 방지하기 위해서 아무 이유 없이 친절하게 다가오는 사람을 조심하고 기념품을 무료로 선물하면 거절하는 것이 좋습니다. 만약 거절했는데도 계속 돈을 내라고 하면 경찰에 신고한다고 강하게 말하는 것이 좋습니다.
> 　마지막으로 환전 사기입니다. 환전 사기는 환전하는 금액에서 돈을 덜 주거나 가짜 돈을 주는 사기입니다. 은행이 아닌 개인이 불법으로 만든 환전소에서 일어날 수 있습니다. 이러한 사기를 피하기 위해서는 은행이나 믿을 수 있는 호텔에서 환전하는 것이 안전합니다. 또한 환전할 때 환전한 돈을 바로 확인하고 영수증도 받는 것이 좋습니다.
> 　나는 절대 사기를 당할 리가 없는 사람이라고 생각할 수도 있지만 낯선 곳에서 정신이 없을 때 누구나 사기를 당할 수 있습니다. 즐거운 여행이 되도록 미리 알고 주의하는 것이 중요합니다.

1 문장을 완성하세요.

① 무엇에 대한 글입니까?
해외 여행에서 자주 발생하는 _____과 _____

② 유명한 관광지에서 자주 일어나는 사기는 무엇입니까?
_____ , _____ , _____

2 맞는 것에 ◯, 틀린 것에 ✕ 하세요.

① 택시 앱에서도 사기를 당할 수 있으니 앱은 이용하지 않도록 한다.　( )
② 관광지 주변에서 공짜로 나눠 주는 기념품은 받아 두는 것이 좋다.　( )
③ 개인 환전소에서 환전을 했을 때에는 환전한 돈을 바로 확인하는 것이 좋다.　( )

연습 3 다음 주제에 대해 생각하고 228페이지에 글을 쓰세요.

- 최근에 일어난 사건, 사고에 대한 신문 보도 기사를 쓰세요.

한국 이야기

영상을 보고 한국의 범죄에 대해 더 알아보세요!

한국의 층간 소음 문제

한국은 범죄율이 낮아 안전한 나라로 알려져 있어요. 하지만 최근 살인, 강도, 성폭력 등의 강력 범죄가 증가하고 있고 층간 소음 관련 범죄도 계속 늘어나서 사회 문제가 되고 있어요. 층간 소음은 공동 주택에서 층을 맞대고 있는 가구들 간의 소음 문제인데, 벽을 마주 보고 있는 가구들 간의 소음 문제는 벽간 소음이라고도 해요. 현대 사회는 과거와 달리 아파트와 같은 공동 주택이 늘어나게 되었고, 때문에 윗집과 아랫집은 바닥과 천장을 공유하고 있으므로 언제든지 층간 소음 문제가 발생할 수 있어요.

한국은 특히 인구 밀도가 높은 편이라 공동 주택 위주의 주거 문화가 크게 발달해 있고, 이 때문에 층간 소음 문제가 다른 나라들에 비해 더 많이 발생하고 있어요.

층간 소음으로 인한 강력 범죄도 크게 늘고 있는데, 갈등을 겪는 것에서 끝나지 않고 폭력과 방화, 살인까지 이어지며 층간 소음 문제가 위험 수위에 도달하고 있어요.

층간 소음을 줄이기 위해서는 슬리퍼를 신고, 만약 집에 아이가 있다면 바닥에 층간 소음 방지 매트를 까는 것도 방법이에요. 또한 집안의 가구나 식탁의 의자 다리 등에 소음 방지 패치를 붙여주면 층간 소음 발생을 줄일 수 있어요.

12

주요 표현
뉴스에 따르면 특히 해양 오염이 심각하다고 하더라.

문법
동 -다가는
명 에 따르면
명 에 불과하다
형 동 -(으)며, 명 (이)며

한국 이야기
한국 길거리의 쓰레기통

어휘 및 표현

[환경]

대기 오염	수질 오염	토양 오염	해양 오염
지구 온난화	이상 기후	공장 폐수	자동차 매연
생활 하수	환경이 파괴되다	심각하다	우려하다
미세먼지	사막화	빙하	집중 호우
악화시키다	고갈되다	실천하다	멸종 위기 동물
인공적인	일회용	친환경	재활용이 가능하다

[그래프]

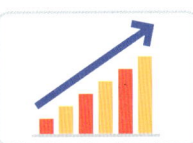

-%로 증가했다
-%로 늘어났다

-%에 달했다
-%까지 증가했다

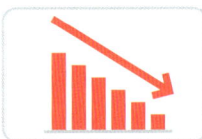

-%로 감소했다
-%로 줄어들었다

-%에 그쳤다
-%에 불과했다

	내용	표현
처음	기관, 대상, 주제	(기관) 에서 (대상) 을/를 대상으로 (주제) 에 대해 조사를 실시했다.
중간	설명	명이/가 ____%로 가장 높게 나타났다. / ____%로 1위를 차지했다. 명이/가 ____%로 뒤를 이었다. 명이/가 ____%, 명이/가 ____%, 명이/가 ____%로 나타났다.
	원인	명의 원인으로 두 가지가 있다. 첫째, ____기 때문이다. 둘째, ____도 원인으로 들 수 있다.
끝	전망	명은/는 ____(연도)____ 에는 ____%로 증가할/감소할 전망이다. 명(으)로 인해 ____-ㄹ/을 것으로 예상된다/전망된다.
	결과	명을/를 통해서 형/동-다는 것을 알 수 있다.

연습 1 알맞은 단어를 쓰세요.

> 지구 온난화   토양 오염   이상 기후   생활 하수   대기 오염

설명	단어
1 우리가 버리는 쓰레기 때문에 땅이 더러워졌어요.	
2 사람들이 많은 곳엔 자동차, 공장이 많아서 공기가 안 좋아요.	
3 부엌, 화장실, 욕실 등에서 사용하고 버려지는 물이에요.	
4 공기에 있는 온실가스 때문에 지구가 점점 더워지고 있어요.	
5 심한 홍수, 강한 폭염 등 전에는 잘 나타나지 않았던 현상이 계속되고 있어요.	

연습 2 문장을 완성하세요.

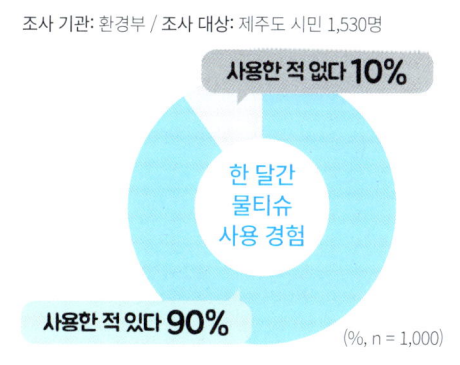

> 나타났다   전망된다   차지했다   이었다   대상으로   실시했다

환경부에서 제주도 시민 1,530명을 **1** _____ 한 달간 물티슈 사용에 대해 조사를 **2** _____. 조사 결과 물티슈를 사용한 적이 있는 시민은 90%, 사용한 적 없는 시민은 10%로 **3** _____. 사용 이유는 '간편해서'가 79%로 1위를 **4** _____. '위생적이어서'가 13%, '쉽게 살 수 있어서'가 5%로 뒤를 **5** _____. 반면에 사용하지 않는 이유는 '환경이 오염될 것 같아서'가 47%로 가장 높게 나타났다. 그리고 '몸에 안 좋을 것 같아서'가 28%, '사용할 일이 없어서'가 15%, '기타'가 10% 순이었다. 앞으로도 물티슈 사용량이 증가할 것으로 **6** _____.

문법 ① 동-다가는

가: 이렇게 천천히 가다가는 기차를 놓치겠어.
나: 알겠어. 빨리 가자.

불을 좀 켜는 게 어때요? 어두운 곳에서 책을 읽다가는 눈이 나빠질 거예요.

가: 딱 하나만 더 먹고 그만 먹을게요.
나: 지금처럼 계속 먹다가는 살이 찔 거예요.

좀 조용히 할래? 선생님이 말하는데 계속 수다를 떨다가는 혼이 날 거야.

-다가는은 행동을 계속하면 미래에 어떤 결과가 생긴다는 것을 나타냅니다. 부정적인 결과에 대해 말할 때 주로 사용하며 경고의 의미로 많이 씁니다.

연습 1 문장을 만드세요.

1. 그렇게 계속 거짓말을 하다, 주변 사람들에게 신뢰를 잃게 되다
   → _____

2. 이렇게 비가 안 오다, 가뭄이 들다   → _____

3. 지금처럼 과로하다, 쓰러지다   → _____

4. 약을 제때 복용하지 않다, 부작용이 생기다   → _____

5. 단 음식을 계속 먹다, 당뇨병에 걸리다   → _____

연습 2 문장을 완성하세요.

1. 가: 아, 하기 싫어. 내일 해야겠어.
   나: 자꾸 숙제를 _____ 나중에 후회하게 될 텐데. (미루다)

2. 가: 엄마, 저 오늘까지만 친구랑 놀게요.
   나: 또? 이렇게 매일 _____ 시험 성적이 안 좋을 거야. (놀다)

3. 가: 나가서 산책을 조금만 해야겠어요.
   나: 퇴원한 지 얼마 안 됐잖아요. 회복도 안 됐는데 그렇게 무리해서 _____ 또 쓰러질 수 있어요. (운동하다)

4. 가: 조금만 천천히 가요. 이렇게 _____ 사고가 날 거예요. (과속하다)
   나: 알겠어요. 속도를 줄일게요.

명에 따르면

사장님 말씀에 따르면 다음 달에 월급이 오른다고 해요.

연구 보고서에 따르면 환경 문제가 점점 심각해지고 있대요.

일기 예보에 따르면 비가 내린다고 합니다.

에 따르면은 말하는 이가 어떠한 사실을 인용해서 말할 때 사용하며 **에 따르면** 앞에 오는 명사는 인용의 출처를 나타냅니다. 보통 인용 표현('-다고 하다')와 함께 쓰입니다. 들어서 알게 된 사실을 전달할 때 사용하며 **에 따르면** 앞에 오는 명사는 보통 공식적인 상황이나 글에서 사용하고, '에 의하면'과 같은 의미로 사용할 수 있습니다.

연습 1 문장을 완성하세요.

| 광고 | 재난 문자 | 소문 | 정부 발표 | 말 |

1. 가: 시험이 언제인지 알아요?
   나: 반장 _____ 다음 주 금요일이 시험이래요.

2. 가: 오늘 가장 싸다고 했잖아요. 좀 비싼 것 같은데요.
   나: _____ 오늘이 할인을 가장 많이 하는 날이래요.

3. 가: 또 눈이 오네요. 오늘도 폭설이래요?
   나: 네, _____ 당분간 눈이 계속 온대요.

4. 가: 옆 동네에 쓰레기 매립지가 생긴다고요?
   나: _____ 내년 쯤 생긴대요.

5. 가: 그 이야기 들었어? _____ 두 사람이 사귄대.
   나: 나도 얼마 전에 들었는데. 사실일까?

연습 2 문장을 완성하세요.

1 <한국 방송> 다음 달 '시간 여행' 개봉 주연: 이종우 장르: 액션 영화	_____ 에 따르면 _____ 고 합니다.
2 <환경 보고서> - 가장 심각한 환경 문제 - 1위. 대기 오염 2위. 기후 변화	_____ 에 따르면 _____

문법 3 · 명에 불과하다

가: 나 이제 나이 때문에 이런 일은 못하겠어.
나: 무슨 말이야? 나이는 숫자에 불과해.

지금 하는 일은 성공을 위한 시작에 불과하다.

가: 이번 시험에 합격한 사람이 많나요?
나: 아니요, 합격률은 8%에 불과해요.

다이어트에 성공한 사람은 15.3%에 불과하다고 한다.

에 불과하다는 어떠한 상황이나 사실 앞에 오는 명사의 수준을 넘지 못하는 상태임을 나타냅니다.

연습 1 맞는 것에 ○ 하고 문장을 완성하세요.

1 가: 죄송합니다. 제가 실수를 했네요.
   나: 괜찮아요. 그건 _____ (작은 문제 / 큰 문제)

2 가: 이번 시상식에서 신인상 받은 거 정말 축하드립니다.
   나: 아직 _____ 앞으로 더 발전하겠습니다. (유명한 가수 / 신인)
            (-지만)

3 가: 환경이 어려운 아이들을 오랫동안 도와주셨다면서요? 대단하시네요.
   나: 아니에요. 제가 도와준 건 누구나 _____
                              (할 수 있는 일 / 할 수 없는 일)

4 가: 와, 이거 비싼 거 아니야? 어떻게 샀어?
   나: 나는 그냥 _____ 열심히 돈을 모았어. (학생 / 부자)
              (-지만)

5 가: 이번 시험 합격률은 어느 정도나 돼요? 높을 것 같아요.
   나: _____ (21% / 58%)

연습 2 문장을 완성하세요.

초보 수준	변명	열 명	18%	하나

1 대기업에 취업하고 싶은 청년들이 많지만 실제 취업률은 _____

2 문화 센터에서 탁구를 배운 지 1년이 넘었지만 아직 _____

3 시험은 우리가 살아가는 인생의 단계 중 _____

4 내가 졸업한 학교는 학생이 점점 줄더니 총 학생 수가 지금은 _____

5 매번 약속에 늦는 사람이 하는 말은 _____

 ④ 형 동 -(으)며, 명 (이)며

한국의 대중 교통은 편리하며 잘 발달되어 있다.   내 동생은 소극적이며 말이 없는 편이다.   그는 노래방에서 춤을 추며 노래를 부르고 있다.

-(으)며, (이)며는 두 가지 이상의 동작, 상태, 사실을 나열할 때 사용합니다. 주로 공식적인 상황이나 글에서 사용합니다.

연습 1 문장을 만드세요.

1 한국의 겨울, 춥다, 눈이 많이 오다 →
2 우리 오빠, 코가 높다, 눈썹이 짙다 →
3 지구 온난화, 증가하다, 환경이 파괴되다 →
4 이 드라마, 감동적이다, 영상미가 뛰어나다 →
5 그녀의 성격, 꼼꼼하다, 친절하다 →

연습 2 그림을 보고 문장을 만드세요.

1 _____ 운전해요.

2 _____

3 _____

4 _____

지민: 어제 뉴스 봤어? 요즘 환경 문제가 정말 심각한 것 같아.

민아: 맞아. 뉴스 보도에 따르면 특히 해양 오염이 심각하다고 하더라.

지민: 응. 우리가 버리는 플라스틱 쓰레기며 공장 폐수, 생활 하수 등이 문제야. 특히 플라스틱 쓰레기가 전체의 60% 이상을 차지한대.

민아: 나도 바다 거북이가 쓰레기 비닐봉지랑 플라스틱 먹는 모습을 텔레비전에서 본 적이 있어.

지민: 바다 거북이가 비닐봉지를? 왜?

민아: 바다 거북이는 비닐봉지를 해파리로 착각해서 먹는 경우가 있대. 자신의 먹이라고 생각하는 거지.

지민: 이렇게 환경 오염이 지속되다가는 해양 동물 뿐만 아니라 인간도 살기 힘든 환경이 될 것 같아.

민아: 큰일이네. 앞으로 플라스틱 사용을 줄이도록 노력해야겠어.

지민: 사람들이 '나 하나쯤 플라스틱을 사용해도 괜찮지 않을까'라고 생각하잖아. 그런데 개인 한 명의 노력이 절대 작은 일에 불과하지 않아.

연습 1 대화문에 대해 답하세요.

1 해양 오염의 원인은 무엇입니까?

2 바다 거북이가 비닐봉지를 먹는 이유는 무엇입니까?

연습 2 여러분에 대해 답하세요.

1 여러분은 환경 문제가 심각하다고 느낀 적이 있습니까?

2 여러분은 환경을 보호하기 위해 어떤 노력을 합니까?

말하기

연습 1 친구와 묻고 답하세요.

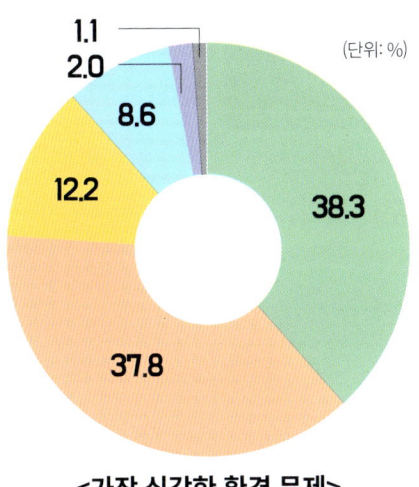

소비자는 **대기 오염**과 **기후 변화**를 가장 심각한 환경 문제로 생각

■ 대기 오염
■ 기후 변화
■ 생태계 파괴
■ 수질 오염
■ 토양 오염
■ 기타·심각하지 않음

조사 기관: 환경부 / 조사 대상: 시민 1,350명

<가장 심각한 환경 문제>

보기

가: 무엇에 대해서 조사한 결과입니까?
나: 가장 심각한 환경 문제에 대해 조사한 결과입니다. (주제)
가: 어디에서 누구에게 조사했습니까?
나: 환경부에서 시민 1,350명을 대상으로 조사했습니다. (조사 기관 / 조사 대상)
가: 가장 심각한 환경 문제는 무엇입니까?
나: 조사 결과에 따르면 대기 오염이 38.3%로 가장 심각한 것으로 나타났습니다. (조사 결과)
가: 또 어떤 문제가 있습니까?
나: 기후 변화가 37.8%로 그 뒤를 이었습니다. 다음으로 생태계 파괴가 12.2%, 수질 오염이 8.6%로 나타났습니다. 토양 오염은 2.0%에 불과했습니다. (조사 결과)

환경 오염의 주된 원인	생활 속 환경 보호 실천 행동
조사 기관: 서울시 환경부 / 조사 대상: 서울 시민 180명	조사 기관: 교육부 / 조사 대상: 초중고 학생 각 200명
• 일회용품 사용: 36.7% • 자동차 매연: 22.5% • 공장 폐수: 21.6% • 화석 연료(석탄, 석유 등): 13.2% • 기타: 6%	• 일회용품 사용 줄이기: 35% • 사용하지 않는 콘센트 빼기: 29% • 재활용품 및 친환경 제품 사용하기: 23% • 냉방 온도 낮추기: 13%

연습 2 환경 보호를 위해 일상에서 실천할 수 있는 방법은 무엇일까요? 친구와 이야기해 보세요.

물 절약하기		대중교통 이용하기
일회용품 사용 줄이기		쓰레기 분리배출
전기 절약하기		친환경 제품 사용하기
( )		( )

보기

가: 최근 토양 오염 이 심각하던데, 그 원인이 뭘까?
나: 토양 오염 의 원인 은 다양해.
　　공장에서 나오는 오염 물질, 일상생활에서 버리는 쓰레기 등이 있지.
가: 그렇구나. 토양 오염 은 얼마나 심각한 문제 인지 궁금해.
나: 나쁜 물질들이 토양에 스며들면 식물, 물, 그리고 사람들의 건강에도 영향을 미치게 돼.
가: 그럼 어떻게 하면 토양 오염으로부터 환경을 보호할 수 있을까?
나: 일회용품 사용을 줄이고 쓰레기를 분리해서 버려야 해.
　　친환경 제품을 사용하는 것도 도움이 될 거야.
가: 알겠어. 함께 노력하면 지구를 더 건강하게 지킬 수 있을 거야.

환경 문제	토양 오염
원인 (2~3개)	1. 공장에서 나오는 오염 물질 2. 일상생활에서 버리는 쓰레기
심각성	식물, 물, 사람들의 건강에 영향을 준다
실천 방법 (2~3개)	일회용품 사용 줄이기, 쓰레기 분리해서 버리기, 친환경 제품 사용하기

환경 문제	
원인 (2~3개)	
심각성	
실천 방법 (2~3개)	

듣기

연습 1 강의를 듣고 답하세요.

1 이야기하는 사람은 누구입니까?

_____

2 문장을 완성하세요.

> 찰스 무어는 ① _____ 에 요트 대회에 참가했다. 그때 ② _____ 을/를 발견했다. 이곳은 사람들이 버린 ③ _____ 로 만들어진 섬이다. 이곳을 발견한 후 찰스 무어는 ④ _____ 을/를 연구하는 전문가가 되었다.

3 틀린 것에 ◯ 하세요.

① 쓰레기 섬은 아직 정식 국가로 인정을 받지 못했다.

② 쓰레기 섬은 2011년에는 한국 면적의 절반 정도였다.

③ 북태평양에는 사람들이 새롭게 만든 아름다운 섬이 있다.

④ 환경을 위해 힘쓰는 사람들은 이곳의 화폐, 여권 등을 만들었다.

연습 2 대화를 듣고 답하세요.

1 여자는 무엇을 하러 갑니까?

_____

2 보통 쓰레기는 어떻게 처리합니까?

_____

3 맞는 것에 ◯ 하세요.

① 한국의 분리수거율은 과거에 비해서 감소했다.

② 한국은 쓰레기 재활용 비율이 가장 높은 나라이다.

③ 쓰레기를 분리배출하는 것은 환경과 관련이 없다.

④ 재활용이 가능한 제품은 분리수거하는 것이 좋다.

연습 1 글을 읽고 질문에 답하세요.

_____

미국에서 발표한 환경 보고서에 따르면 대기 오염으로 인해 일부 국가에서는 지난 10년간 인간의 기대 수명이 5년 감소한 것으로 나타났다. 특히 아시아와 아프리카 국가에서 많은 사람들이 고통을 받고 있는 것으로 확인됐다. 이번 보고서에 의하면 2013년부터 전 세계가 미세먼지를 줄이기 위해 노력했는데도 불구하고 공기의 질은 더 나빠지고 있다고 한다.
대기 오염 물질은 주로 자동차와 공장에서 가장 많이 발생한다. 여기에서 발생한 이산화탄소, 미세먼지 등은 호흡기 질환, 알레르기, 폐 질환 등을 발생시키며 식물이나 동물의 건강도 위협한다.
일부 대기 오염 물질은 기후 변화에 영향을 미치며 지구 온난화를 가속화시킬 수 있다. 이 문제를 해결하기 위해서는 친환경적인 교통수단을 늘리고 재생 에너지 사용량을 확대하는 등의 노력이 필요하다.
기업이나 국가 차원에서의 노력도 중요하지만 우리 개인의 노력도 매우 중요하다. 우리 모두 대기 오염을 줄이고 지구 환경을 보호하기 위해 노력해야 한다.

1 이 글의 제목으로 맞는 것에 ◯ 하세요.

① 대기 오염 피해 사례
② 대기 오염이 증가한 이유
③ 대기 오염의 장점과 단점
④ 대기 오염의 원인과 해결 방안

2 틀린 것에 ◯ 하세요.

① 전 세계는 미세먼지를 줄이기 위해서 노력하지 않았다.
② 대기 오염으로 인해 사람들이 더 빨리 죽을 것으로 예상된다.
③ 개인뿐만 아니라 정부도 대기 오염을 줄이기 위해 노력해야 한다.
④ 대기 오염으로 사람들이 다양한 질병에 걸리곤 한다.

3 질문에 답하세요.

① 대기 오염이 발생한 원인은 무엇입니까?

② 앞으로 어떠한 노력을 해야 합니까?

연습 2 글을 읽고 질문에 답하세요.

분리수거, 필요한가요?

최근 녹색사랑 단체에서 서울 시민 3,428명을 대상으로 '쓰레기 분리수거 인식'에 대해 조사하였다. 분리수거 필요성을 알고 있느냐는 질문에 '모른다', '잘 모른다'는 대답이 59%에 달한 반면, '안다', '잘 알고 있다'는 대답은 18%에 그쳤다. 또한 분리수거를 잘하고 있느냐는 물음에 '아니다' 또는 '매우 아니다'라고 답한 응답자가 68%를 차지했다. 분리수거를 잘 실천하지 않는 이유로는 '필요성을 못 느끼기 때문에'가 49%, '귀찮아서'가 37%, '분리수거를 해도 혜택이 없어서'가 11%였다.

녹색사랑 단체 대표를 맡고 있는 박수인 씨는 "앞으로 분리수거의 필요성에 대해 적극적으로 홍보하고 불편함을 개선할 수 있도록 노력하겠다"고 말했다.

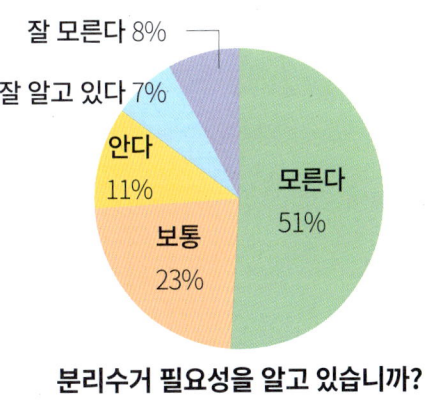

분리수거 필요성을 알고 있습니까?

1 맞는 것에 ◯ 하세요.

① 분리수거의 필요성을 모른다고 대답한 사람이 절반 이상이었다.
② 분리수거를 잘하고 있다고 응답한 사람이 많은 편이었다.
③ 설문 조사를 통해 분리수거를 잘 실천하는 이유를 알 수 있었다.
④ 분리수거를 잘 하지 않는 가장 큰 이유는 '혜택이 없어서'였다.

2 질문에 답하세요.

① 누구를 대상으로 조사를 했습니까?
② 설문 조사의 주제는 무엇입니까?

연습 3 '환경을 위한 생활 습관'에 대한 설문 조사 결과를 보고 228페이지에 글을 쓰세요.

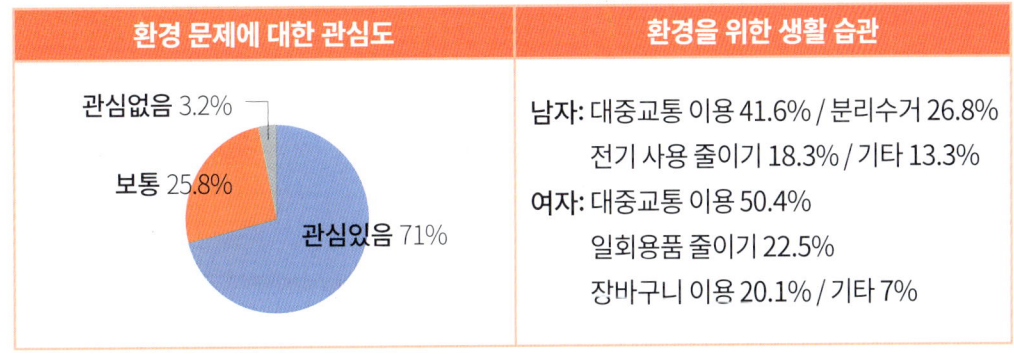

영상을 보고 한국 길거리의 쓰레기통에 대해 더 알아보세요!

한국 길거리의 쓰레기통

거리에서 혹은 지하철에서 쓰레기를 버려야 할 상황은 갑자기 찾아와요. 평소에는 신경도 안 쓰던 쓰레기통이 꼭 쓰레기를 버리려고 하면 찾기가 힘든데요, 길거리에 많던 쓰레기통이 다 어디로 갔을까요?

정부와 지자체가 도시 미관과 미화 인력 부족, 쓰레기 종량제 제도의 안착을 위해 거리의 쓰레기통을 줄여 나가면서부터 그 많던 길가의 쓰레기통이 점점 없어지기 시작했어요. 특히 가정용 쓰레기를 공공 쓰레기통에 무단 투기하는 일이 많아지자, 각 지방 단체에서 쓰레기통을 줄이기 시작했는데, 쓰레기통이 없어지면서 일부 시민들은 공공 자전거 바구니, 공중전화 부스, 벤치 등에 쓰레기를 무단 투기하기도 해요. 쓰레기통이 많이 없어서 조금 불편하긴 하지만, 깨끗한 길거리 환경을 위해 내가 만든 쓰레기는 스스로 처리해야겠죠?

13

주요 표현
학생들이 대단하면서도 조금 안타깝기도 해요.

문법
- 형 동 -(으)면서도
- 동 -는 데(에)
- 동 -다(가) 보면
- 명 (으)로 인해(서)

한국 이야기
한국의 교육 제도

어휘 및 표현

[교육]

조기 교육	가정 교육	평생 교육	의무 교육
교육 기관	교육 제도	입시 제도	무상 교육
공교육	사교육	과외	대학 수학 능력 시험(수능)
지식	예체능	전공과목	교양 과목

발견하다	과도하다	비판하다	교육열이 높다
교육 시설이 좋다	실력/능력을 발휘하다	교육 수준이 높다	경쟁이 치열하다
인격을 기르다	인재를 양성하다	인격을 형성하다	(자격증/면허를) 따다/취득하다
모국어	명문대	열중하다	지식을 늘리다

[기타]

우천	수명	강요	격려하다	주되다	출전하다

연습 1 알맞은 것을 연결하세요.

1 조기 교육 • ① 각 가정에서 부모가 자녀에게 일상생활을 통해서 하는 교육. 예절을 가르치고 자녀의 인격 형성에 큰 영향을 미친다.

2 가정 교육 • ② 학교에 갈 나이가 아직 되지 않은 아이에게 실시하는 교육.

3 의무 교육 • ③ 학생에게 돈을 받지 않고 무료로 제공하는 교육.

4 무상 교육 • ④ 국가가 국민에게 의무적으로 받게 하는 교육.
국민은 이 교육을 꼭 받아야 한다. 이 교육에는 학교 교육과 직장에서의 교육이 있다.

연습 2 문장을 완성하세요.

| 지식 | 전공과목 | 교양 과목 | 예체능 | 자격증 |

나는 대학교 때 국어국문학을 전공했다. 그래서 '한국어의 이해', '한국어의 역사', '한국어 문법론'과 같은 다양한 1 _____ 을/를 수강했고 전공 수업을 통해 전공 2 _____ 을 많이 쌓을 수 있었다. 그런데 사실 나는 어릴 때부터 3 _____ 에 관심이 많았다. 어릴 때부터 그림 그리는 것을 좋아하고 운동하는 것도 좋아했다. 그래서 대학교에 와서도 '운동과 건강', '생활과 건강' 과 같은 4 _____ 을/를 선택해서 수업을 들었다. 실제로 운동을 해 볼 수 있는 수업도 많이 있었다. 운동에 대해서 배워 보니까 내 적성에 맞는 것 같았다. 지금은 운동 관련 5 _____ 도 따 보고 싶어서 공부를 하고 있다. 나는 지금 내가 좋아하면서 전공도 살릴 수 있는 스포츠 기자가 되기 위해 준비하고 있다.

연습 3 문장을 완성하세요.

| 인격을 기르다   인재를 양성하다   경쟁이 치열하다   실력을 발휘하다 |

1 가: 그 회사에서는 대학원 학비도 지원해 준다면서요?
  나: 네, _____ 많이 투자하고 있어요. (-기 위해서)

2 가: _____ 영향을 미치는 게 뭐라고 생각해요? (-데)
  나: 가정 또는 주변 환경, 그리고 선생님의 영향도 크다고 생각해요.

3 가: 이번 경기는 두 팀 모두 실력이 좋은 선수들만 출전하는군요.
  나: 그럼 더욱 _____ (-겠- + -네요)

4 가: 이번 발표는 너무 긴장되어서 준비했던 말을 다 못했어요.
  나: 지민 씨의 _____ 좀 아쉽네요. (-지 못하다 + -ㄴ 것 같아서)

문법 ① 형 동 -(으)면서도

가: 윤아와 준호는 서로 사랑하잖아요. 왜 헤어졌어요?
나: 서로 사랑하면서도 헤어질 수밖에 없는 이유가 있었던 것 같아요.

가: 이 학원은 수강료가 너무 비싸네요.
나: 시설도 안 좋으면서도 비싸기만 하네요.

그 사람은 잘 모르면서도 아는 척해요.

우리 사장님은 그렇게 돈이 많으면서도 항상 절약하세요.

지나친 사교육을 비판하면서도 다들 자기 자녀들은 학원에 보내더라고요.

-(으)면서도는 어떠한 상황이나 행위와 상반되는 상황이나 행위가 동시에 나타날 때 사용하며 후행절의 내용이 선행절의 상황이나 행위로 예상할 수 없는 것일 때 사용합니다.

연습 1 문장을 완성하세요.

1. 회사를 그만두게 되어서 _____ 섭섭해요. (시원하다)
2. 유학을 가는 건 _____ 두렵기도 해요. (설레다)
3. 이 가방은 _____ 화려하지 않아서 어디에나 잘 어울릴 것 같네요. (특이하다)
4. 진아는 집이 _____ 매일 지각을 해요. (가깝다)
5. 크리스는 한국에 _____ 한국어를 하나도 못해요. (오래 살다)

연습 2 문장을 완성하세요.

1. 가: 아직도 담배를 피워요? 새해에는 끊는다고 했잖아요.
   나: 네, 건강에 안 좋은 걸 _____ 끊는 게 쉽지 않아요. (알다)

2. 가: 루카는 한국어를 잘하지 않아요?
   나: 루카는 한국어를 _____ 못하는 척해요. (잘하다)

3. 가: 뭐라고? 민수가 소개팅을 했다고?
   나: 응, 여자 친구와 잘 만나고 _____ 소개팅을 했대. (있다)

4. 가: 민재는 멜로 영화를 안 좋아하지 않아?
   나: 응, 멜로 영화를 _____ 여자 친구를 위해서 자주 본대. (싫어하다)

5. 가: 유진 씨가 어제 축제에서 춤추는 거 봤어요? 정말 잘 추더라고요.
   나: 네, 엄청 _____ 열심히 추던데요. (부끄러워하다)

문법 ② 동-는 데(에)

가: 윤아가 유학한다고 들었어요. 준비 잘 하고 있어요?
나: 네, 유학을 가기 전까지 영어를 배우는 데에만 열중하고 있어.

가: 왜 그렇게 열심히 공부해요?
나: 우리 회사에서는 승진하는 데 자격증이 필요하거든요.

유학을 가는 데에 많은 비용이 든다.

그 학교는 인재를 양성하는 데에 많은 노력을 하고 있다.

이 책은 여러 방면의 지식을 늘리는 데에 도움이 돼요.

-는 데(에)는 어떤 일이나 행동, 경우, 상황을 나타냅니다. '-는 일에', '-는 경우에'라는 의미입니다.

연습 1 문장을 완성하세요.

1. 가: 왜 일본어를 배워요?
   나: 여러 나라 언어를 알고 있으면 _____ 도움이 될 것 같아서요. (취직하다)

2. 가: 지훈 씨, 추천할 만한 교양 수업이 있어요?
   나: "한국 문화의 이해"요. 한국 문화를 _____ 도움이 될 거예요. (이해하다)

3. 가: 한국어 많이 늘었네요.
   나: 네, 그런데 어려운 주제는 _____ 어려움이 있어요. (대화하다)

4. 가: 어릴 때 여러 예체능을 경험해 보는 게 좋은 것 같아요.
   나: 맞아요. 재능을 _____ 도움이 많이 되는 것 같아요. (발견하다)

연습 2 문장을 완성하세요.

| 양성하다 | 살아가다 | 발휘하다 | 형성하다 |

교육은 사람이 1 _____ 필요한 지식과 기술을 가르치며 인격을 길러주는 것이다. 교육의 주된 목적은 사회에 필요한 인재를 2 _____ 있다. 이러한 목적을 달성하기 위해 교육 현장에서 교사는 필요한 지식과 기능을 효과적으로 전달하고, 개인의 재능과 적성을 발견해 능력을 3 _____ 도움을 줘야 한다. 또 가정에서 부모는 자녀들이 올바른 인격을 4 _____ 도움이 되는 좋은 환경을 제공하고 긍정적인 영향을 줘야 한다.

문법 ③ 동-다(가) 보면

가: 한국어 말하기는 여전히 어려워요.
나: 계속 연습하**다가 보면** 늘 거예요.

포기하지 않고 계속 열심히 하**다 보면** 언젠가는 성공하게 될 거예요.

가: 유진 씨는 어떻게 스트레스를 풀어요?
나: 춤이요. 춤을 추**다 보면** 모든 일을 다 잊을 수 있거든요.

살**다 보면** 슬픈 일도 있고 기쁜 일도 있는 거죠.

-다(가) 보면은 어떤 일을 계속하면 생길 수 있는 결과에 대해 이야기할 때 사용합니다.

연습 1 문장을 완성하세요.

1. 가: 나는 아직도 진로를 못 정했어. 내가 뭘 하고 싶은지 모르겠어.
   나: 이것저것 _____ 재능을 발견하게 될 거야. (경험하다)

2. 가: 켈리 씨도 외국 생활이 벌써 10년이 넘었죠?
   나: 네, 외국에서 오래 _____ 모국어를 잊어버리기도 해요. (살다)

3. 가: 새로 산 신발을 신었더니 발이 너무 아프네요.
   나: 처음이라 그럴 거예요. _____ 발이 좀 편해질 거예요. (신다)

4. 가: 남자 친구와 헤어져서 아직도 마음이 너무 아파.
   나: 바쁘게 _____ 남자 친구 생각이 안 나게 될 거야. (지내다)

5. 가: 운전면허를 딴 지 얼마 안 되어서 운전이 서툴러요.
   나: 당연하죠. 계속 _____ 잘하게 될 거예요. (운전을 하다)

연습 2 문장을 만드세요.

1. _____ 스트레스가 풀릴 거예요.

2. _____ 한국어 실력이 좋아질 거예요.

3. 외국에서 살다
   → _____
   → _____

4. 다양한 것을 배우다
   → _____
   → _____

(으)로 인해(서)는 어떤 상황이나 일에 대한 원인이나 이유를 나타낼 때 사용합니다. (으)로 인하여도 같은 의미로 사용 가능합니다. 명사를 수식할 때는 (으)로 인한 형태로 사용됩니다.

연습 1 문장을 완성하세요.

1 가: 계속해서 인간의 수명이 늘어난다면서요?
   나: 네, _____ 많은 사람들이 100세 이상까지 살 게 될 거예요. (의학 기술)

2 가: 쓰레기가 늘어나는 가장 큰 이유가 무엇입니까?
   나: _____ 가장 큰 이유라고 할 수 있습니다. (일회용품 사용)

3 가: 지희 씨가 남자 친구하고 헤어지더니 갑자기 변한 것 같아요.
   나: _____ 마음의 병 때문이 아닐까 싶어요. (실연)

4 가: 김 부장님의 건강이 많이 나빠졌다고 하니 걱정이네요.
   나: 네, 건강이 나빠졌을 뿐만 아니라 _____ 부작용까지 생겼다고 하더라고요.
                                        (약 복용)

연습 2 알맞은 것을 연결하고 문장을 만드세요.

원인	명사 표현	결과
1 물가가 오르다	부주의	화재가 발생했다
2 조심하지 않다	물가 상승	소비가 줄었다
3 술을 마시다	담배 가격 인상	담배를 끊는 사람이 늘었다
4 담배 가격이 오르다	음주	교통이 통제되었다
5 눈이 많이 내리다	폭설	여러 건강 문제가 생겼다

1 물가 상승으로 인해 소비가 줄었습니다.
2
3
4
5

크리스: 민아 씨, 조금 전에 원장님께서 내일은 수능 날이니까 한 시간 늦게 출근하라고 하시던데요. 무슨 말이에요?

민아: 수능은 '대학 수학 능력 시험'을 말해요. 한국 학생들이 대학교에 가기 위한 시험을 보는 날이에요. 인생에서 아주 중요한 날이라고 할 수 있어요. 그래서 모든 사람들이 학생들을 격려하고 배려하는 날이에요.

크리스: 길에 차가 많으면 학생들이 시험 장소에 늦거나 불편할 수 있겠군요.

민아: 맞아요. 그뿐만 아니라 듣기 시험 시간에는 비행기도 통제해요. 소음으로 인한 피해가 발생되면 안 되니까요. 그리고 지각하는 학생들이 있으면 경찰이 시험 장소까지 태워다 주기도 해요.

크리스: 모든 사람들이 학생들이 무사히 시험 장소까지 가는 데에 힘쓰고 있군요. 정말 대단해요.

민아: 저는 학생들이 대단하면서도 조금 안타깝기도 해요. 저도 학생일 때는 수능이 제 인생의 전부였거든요. 그런데 입시 공부만 하다가 보면 그 나이 때 할 수 있는 많은 것들을 놓치게 되는 것 같아요.

크리스: 그렇군요. 한국의 교육열은 정말 높은 것 같아요.

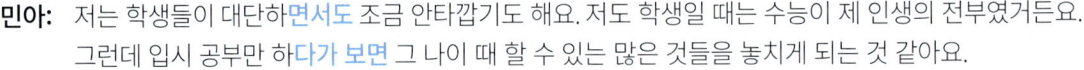

연습 1 대화문에 대해 답하세요.

1. 크리스는 내일 왜 늦게 출근합니까?

2. 수능은 무엇입니까?

3. 수능 날에 학생들을 위해서 어떤 배려를 하고 있습니까?

연습 2 여러분에 대해 답하세요.

1. 여러분 나라에서는 대학교에 입학하려면 어떻게 해야 합니까?

2. 여러분은 인생에서 대학 입학이 얼마나 중요하다고 생각합니까? 그 이유는 무엇입니까?

말하기

연습 1 한국과 여러분 나라의 교육 제도에 대해서 설명해 보세요.

	교육 과정	년	특징
한국	초등학교	6년	의무 교육, 무상 교육
	중학교	3년	의무 교육, 무상 교육
	고등학교	3년	일반고, 특수목적고(특목고): 과학고, 예술고 등
	대학교	4년	
우리 나라	초등학교		
	중학교		

보기
한국의 교육 과정은 초등학교 6년, 중학교 3년, 고등학교 3년, 대학교 4년입니다.
초등학교와 중학교는 의무 교육이며 교육비는 국가가 부담합니다.

연습 2 친구와 이야기해 보세요.

보기
(장점) 공교육은 다양한 학생들과 공부하 는 데에 도움이 됩니다/효과가 있습니다.
(단점) 그러나 큰 학급 규모 로 인해 선생님의 도움을 받기가 어려 울 수 있습니다.

	좋은 점	안 좋은 점
공교육	• 학비가 저렴하다. • •	• 학생 개개인의 수준에 맞춘 교육이 불가능하다. • 학교마다 교육 수준의 차이가 있다. •
사교육	• 교육 수준이 높다. • 교육 시설이 좋다. •	• 학비가 비싸다. • 학교 수업에 흥미를 잃을 수 있다. •
유학	• 여러 나라의 언어와 문화를 배울 수 있다. • •	• 외국 생활에 적응을 못 할 수도 있다. • •

연습 3 친구와 이야기해 보세요.

1 조기 유학의 장점과 단점에는 어떤 것들이 있습니까?

조기 유학의 장점	조기 유학의 단점
• _____로 인한 _____	• _____로 인한 _____
•	•
•	•
•	

2 여러분은 조기 유학에 찬성합니까? 반대합니까?

조기 유학을 가는 것이 좋다	
찬성 : 어릴 때 유학에 가는 것은 좋다.	반대 : 어릴 때 유학에 가는 것은 좋지 않다.
이유 • _____는 데에 좋다.	이유 • _____는 데에 좋지 않다.

보기

찬성

어릴 때 유학을 가는 학생들이 많습니다. 어릴 때 유학을 가게 되면 _____.

이처럼 조기 유학은 _____.
그렇기 때문에 저는 어린 나이에 유학을 가는 것이 좋다고 생각합니다.

반대

저는 가지 않아도 된다고 생각합니다. 왜냐하면 _____.

_____.
그렇기 때문에 저는 어린 나이에 유학을 가는 것이 좋지 않다고 생각합니다.

듣기

연습 1 강연을 듣고 답하세요.

1 무엇에 대해서 이야기하고 있습니까?

　　① 학교 교육과 평생 교육　　② 평생 교육의 의미　　③ 평생 교육의 종류

2 평생 교육의 설명으로 맞는 것에 ○ 하세요.

　　① 가정에서 받는 교육
　　② 어릴 때 받는 교육
　　③ 인터넷에서 받는 교육
　　④ 평생에 걸쳐서 받는 교육

3 맞는 것에 ○, 틀린 것에 ✕ 하세요.

　　① 인간은 태어나서 죽을 때까지 배운다.　　　　　　　　　(　　)
　　② 평생 교육은 학교에서 배우는 것을 말한다.　　　　　　　(　　)
　　③ 요즘에는 인터넷을 사용할 줄 모르면 교육을 받기 어렵다.　(　　)
　　④ 평생 교육에는 주민 센터나 문화 센터의 강좌도 포함된다.　(　　)

연습 2 대화를 듣고 답하세요.

1 요즘 남자의 고민은 무엇입니까?

　　① 남는 시간을 어떻게 활용하면 좋은지 모르겠다.
　　② 회사를 다니면서 공부를 할 수 있을지 걱정이다.
　　③ 일을 배우는 것이 힘들어서 아무것도 할 수 없다.
　　④ 자격증을 따고 싶은데 어떻게 하면 좋은지 모르겠다.

2 틀린 것에 ○ 하세요.

　　① 남자는 컴퓨터 자격증을 가지고 있다.
　　② 남자는 문화 센터에 다녀 본 적이 있다.
　　③ 요즘 직장에 다니면서 강좌를 듣는 사람들이 많다.
　　④ 여자는 자격증을 따기 위해 문화 센터에 등록할 것이다.

3 구청에서 운영하는 강좌는 어떻습니까?

읽기와 쓰기

연습 1 글을 읽고 질문에 답하세요.

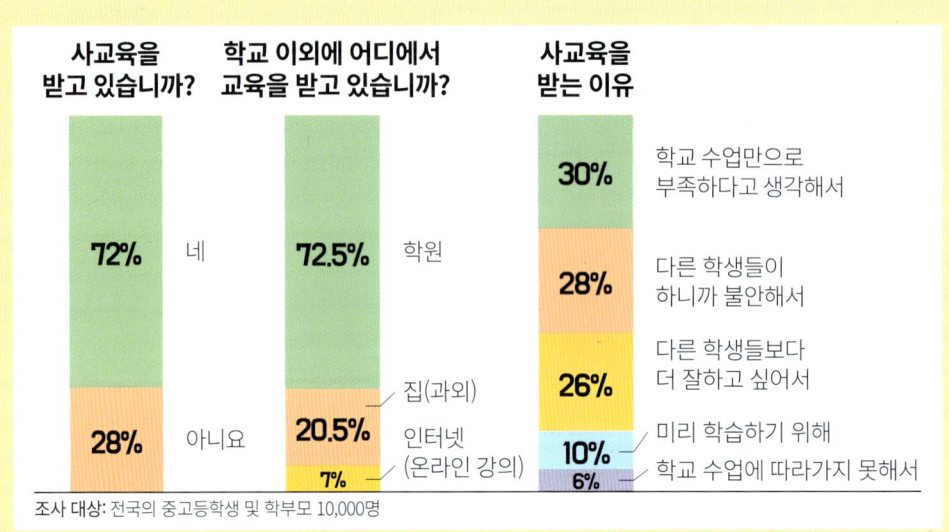

전국의 중고등학생 및 학부모 만 명을 대상으로 사교육에 대한 설문 조사를 실시하였다. 조사 결과, 사교육을 받고 있다고 응답한 비율은 72%나 되었다. 학생 10명 중 7명 이상은 사교육을 받고 있는 것이다. 학교 이외에 어디에서 사교육을 받고 있는 지에 대한 물음에는 72.5%의 학생들이 학원이라고 대답했으며 집에서 과외를 받는다고 대답한 학생이 20.5%, 인터넷을 통해 온라인 강의를 듣는다고 대답한 학생이 7%로 조사되었다.

사교육을 받는 이유로는 '학교 수업만으로 부족해서'가 가장 높은 비율을 차지하였고 그 다음으로 '다른 학생들이 사교육을 받으니까', '다른 학생들보다 공부를 더 잘하고 싶어서', '미리 학습하기 위해서', '학교 수업에 따라가지 못해서'가 그 뒤를 이었다.

이밖에 다른 학생들을 의식하는 경쟁 심리도 큰 부분을 차지하고 있는 것으로 나타났다. 많은 부모와 학생들이 공교육에서 아쉬움을 느껴서 사교육으로 아쉬운 부분을 채우려는 것으로 보인다.

1 맞는 것에 ◯, 틀린 것에 ✕ 하세요.

① 이 설문 조사는 전국의 사교육 기관을 대상으로 실시하였다.   (   )
② 이 설문 조사에 따르면 학생 절반 이상이 사교육을 받고 있다.   (   )
③ 사교육을 받는 가장 큰 이유는 공교육에서 부족함을 느끼기 때문이다. (   )
④ 사교육을 받는 이유 중 '다른 학생들을 의식해서'가 절반이 넘는다. (   )

2 사교육을 받는 가장 큰 이유는 무엇입니까?

연습 2 글을 읽고 질문에 답하세요.

> **교육열**이란 교육에 대한 열의와 열정을 뜻한다. 옛날부터 한국에서는 '굶어도 자식은 가르쳐야 한다'는 말이 있었다. 한국 사람에게 교육은 오래전부터 중요한 요소였다. 가난했던 시절에는 돈을 많이 벌기 위해 공부를 열심히 해서 좋은 직업을 가져야 했다. 그 당시에는 가난과 고생에서 벗어날 수 있는 유일한 방법이 교육이었다. 이러한 교육열은 현대 사회에서도 여전히 식지 않고 있다. 여전히 교육을 중요하게 생각하는 부모들이 많다. 입시 경쟁에서 이기기 위해 부모는 자녀에게 사교육을 시키고 아주 어린 나이부터 여러 학원에 다니게 하거나 유학을 보내기도 한다. 문제가 되는 것은 학생들이 원해서 학원에 가는 것이 아니라 부모들의 강요에 의해 가는 경우가 많다는 것이다. 그로 인해 어린 나이에 스트레스를 받거나 우울증에 걸리는 학생 이야기도 쉽게 들을 수 있다.
>
> 과도한 사교육으로 인한 부작용은 셀 수 없이 많다. 가난했던 시절에는 공부만이 가난과 고생에서 벗어날 방법이었을지 모른다. 하지만 현대 사회에는 매체나 인터넷의 발달로 개인의 개성을 살리고 재능과 능력을 발휘하여 성공할 수 있는 분야가 많이 생겼다. 공부도 물론 중요하지만, 어릴 때부터 공부 외에도 다양한 예체능 활동이나 경험을 쌓으면서 자신의 재능과 능력을 발견하는 것이 가장 중요하다. 그뿐만 아니라 꼭 명문대를 졸업하지 않아도 좋은 직업을 가질 수 있다는 인식도 확대되어야 한다. 시대의 변화에 발맞춰 우리 사회가 다양한 분야의 인재를 양성할 수 있도록 해야 한다.

1 맞는 것에 〇, 틀린 것에 ✕ 하세요.

① 지금도 한국 사람들은 가난에서 벗어나기 위해 교육을 받는다.   (   )

② 좋은 대학에 보내기 위해 자녀에게 사교육을 시킨다.   (   )

③ 과도한 사교육으로 인해 스트레스를 받는 학생들이 많다.   (   )

④ 우리 사회는 명문대를 졸업하지 않으면 절대로 성공할 수 없다.   (   )

2 옛날과 지금의 교육열에 차이가 있습니까?

_____

3 현대 사회에서 가장 중요한 것은 무엇입니까?

_____

연습 3 다음 질문에 대해 생각하고 229페이지에 글을 쓰세요.

- 조기 유학의 장점과 단점은 무엇입니까?
- 여러분은 조기 유학에 찬성합니까? 아니면 반대합니까?
- 그 이유는 무엇입니까?

한국 이야기

영상을 보고 한국의 교육 제도에 대해 더 알아보세요!

한국의 교육 제도

한국은 교육열이 아주 높은 걸로 유명해요. 한국의 학제는 6/3/3/4 제로 초등학교 6년, 중학교 3년, 고등학교 3년, 대학교 4년으로 구성되어 있어요. 상당히 높은 교육열에 힘입어 거의 대부분의 학생이 초등학교, 중학교, 고등학교에 진학하며 대학 진학률도 67%에 달해요. 근대에 접어들면서부터 한국은 신분제가 사라짐과 동시에 능력이 있으면 출세할 수 있는 사회가 되었고, 부모들은 어떻게든 돈을 벌어서 자식들의 학비를 마련하여 대학 공부를 시키려고 했어요. 자식들은 또한 그에 보답하기 위해 열심히 공부했죠. 한국의 초등교육은 초등학교에서 받을 수 있는데, 의무 교육이므로 모든 교육은 전액 무료로 제공돼요. 학기는 보통 3월에 시작하여 7, 8월에 여름 방학이 있고 12월, 1월에 겨울 방학을 지낸 뒤 그다음 해 2월에 졸업을 해요.

중등 교육은 중학교와 고등학교로 나뉘며 기간은 둘 다 3년제로 중학교부터는 담임 교사가 모든 수업을 맡지 않고 과목별로 다른 교사가 수업을 해요. 본격적인 입시 경쟁이 시작되는 때이기도 해요.

한국의 대학은 일반적으로 4년제이며 대학에 들어가기 위해서는 대학 입시를 치러야 하는데, 대학 입시는 크게 수시와 정시로 나뉘어요. 수시는 내신 위주의 전형을 말하고 정시는 수능 위주의 전형을 이야기해요.

좋은 대학에 입학하는 게 중요하다 보니 한국 학생들은 학업 스트레스를 많이 받는다고 해요. 여러분 나라의 교육 제도는 어떤가요?

14

주요 표현

서로 생각이 너무 달라서 말하나 마나야.

문법

형 -다면서요?, 동 -ㄴ/는다면서요?, 명 (이)라면서요?
형 -ㄴ/은 셈이다, 동 -ㄴ/은/는 셈이다, 명 인 셈이다
동 -(으)나 마나

한국 이야기

산후조리원

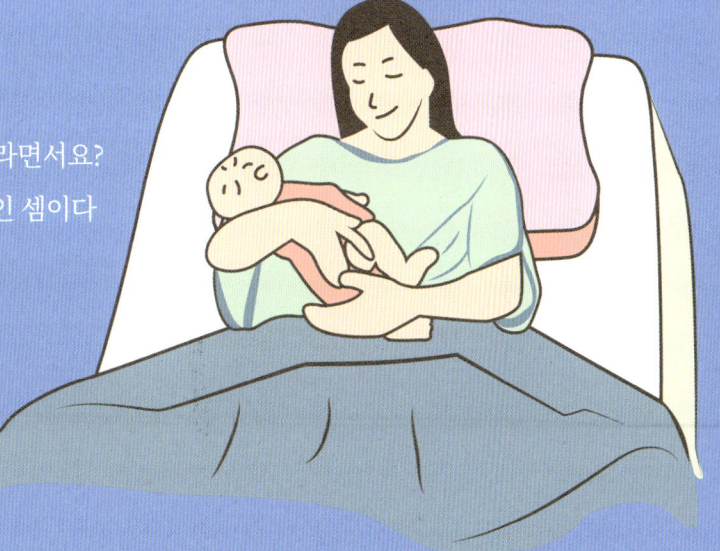

어휘 및 표현

삶과 가치관의 변화

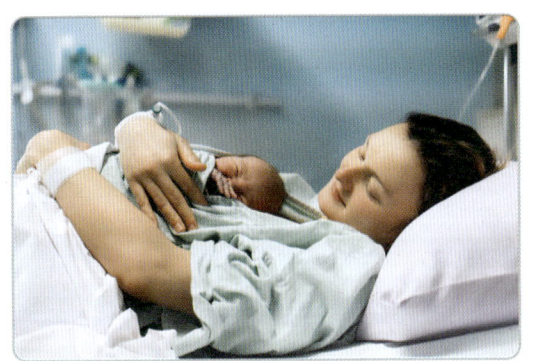 

저출산	고령화	가치관	독신
청년층	노년층	미혼	기혼
인구	사회 문제	개인주의	이기주의
은퇴	꼴찌	추세	반려동물
자기 계발	세대	가치관	경제 불황
확산되다	기피하다	마련하다	변하다
포기하다	심각하다	넉넉하다	뻔하다

돈/대출을 갚다	가치관이 바뀌다	인식이 바뀌다	출산율이 높다/낮다
비용이 부담되다	영향을 끼치다	정책을 시행하다	지원금을 주다/받다

기타

어지르다	즉	육아 휴직 제도

연습 1 문장을 완성하세요.

> 저출산   고령화   꼴찌   추세

1. 가: 학생 수 감소로 최근 3년 사이에 70곳이 넘는 초등학교가 문을 닫는대요.
   나: 정말요? _____ 문제가 심각하다고 듣기는 들었지만 그 정도로 심각한 줄 몰랐어요.

2. 가: 공부를 못하던 학생도 좋은 대학에 갈 수 있을까?
   나: 그럼. 항상 반에서 _____ 을/를 하던 학생이 미국 명문대에 합격했다는 뉴스를 본 적이 있어.

3. 가: 요즘도 부동산 가격이 떨어지고 있어요?
   나: 네, 감소 _____ 이/가 몇 년째 계속되고 있어요.

4. 가: _____ 사회가 되면서 노인들을 대상으로 하는 새로운 산업이 많이 생겨나고 있대요.
   나: 앞으로 노인 인구가 계속 느니까 수요가 많을 것 같네요.

연습 2 밑줄 친 부분과 같은 의미를 가진 단어를 쓰세요.

> 뻔하다   변하다   기피하다   확산되다   마련하다   넉넉하다

최근 연애와 결혼에 대한 젊은 사람들의 생각이 바뀌고 있다. 한 설문 조사 결과에 따르면 응답자의 30% 이상이 결혼은 하지 않아도 된다고 대답했다. 이렇게 젊은 사람들이 결혼을 1 <u>싫어하며 피하는</u> 이유는 가치관이 2 <u>바뀐 것</u> 이 가장 큰 이유이다. 젊은 층에게 결혼은 필수가 아니라는 인식이 3 <u>퍼지면서</u> 저출산 문제도 심각해지고 있다. 현재도 경제적으로 4 <u>충분하지</u> 않은데 결혼을 하고 출산을 하면 경제적 부담은 물론이고 집안일과 육아 등으로 독신의 삶보다는 힘들어질 것이 5 <u>분명하다는</u> 것이다. 그렇기 때문에 정부에서는 이런 문제를 해결하기 위한 정책을 6 <u>만들어 준비해야</u> 한다.

1. _____   2. _____
3. _____   4. _____
5. _____   6. _____

어휘 마인드맵

결혼, 기혼, 미혼 — 혼 — '혼' = 결혼하다
혼인 신고, 재혼, 이혼, 약혼

문법 ① 형-다면서요?, 동-ㄴ/는다면서요?, 명(이)라면서요?

가: 한국 사람들은 매일 김치를 먹는다면서요?
나: 네, 사람마다 다르기는 하지만 저는 김치 없이 밥 못 먹어요.

가: 지훈 씨, 시험에 합격했다면서요?
나: 네, 맞아요. 어떻게 알았어요?
가: 오는 길에 민아를 만났거든요.

-다면서요?, -ㄴ/는다면서요?, (이)라면서요?는 다른 사람에게서 들은 말을 상대방에게 확인하거나 물을 때 사용합니다. 또 상대방과 관계가 있는 사실에 대해 물을 때도 사용할 수 있습니다. 주로 가까운 관계에서 사용합니다. 과거 형태는 -았/었/했다면서요? 또는 (이)였다면서요?, 미래 형태는 -ㄹ/을 거라면서요?를 사용합니다.

연습 1 친구에게 들은 내용을 확인해 보세요.

1 윤아 씨가 일본어를 잘해요. (민주)

민주한테 들었는데 윤아 씨가 _____?
맞아요?

2 지민 씨가 최근에 여자 친구가 생겼대요. (민주)

민주한테 들었는데 지민 씨가 _____?
정말이에요?

3 크리스 씨는 다음 주에 이사할 거예요. (민주)

민주한테 들었는데 크리스 씨가 _____?
어디로 가요?

4 완 씨 형은 요리사래요. (민주)

민주한테 들었는데 완 씨 형이 _____?

5 수진 씨가 예전에 선생님이었어요. (민주)

민주한테 들었는데 수진 씨가 _____?
뭘 가르쳤어요?

연습 2 문장을 완성하세요.

1. 가: 어제 많이 _____? (아팠다)
   나: 네, 좀 아팠는데 쉬었더니 괜찮아요.

2. 가: 지훈, 오늘 _____? 생일 축하해! (생일)
   나: 고마워, 그런데 어떻게 알았어?

3. 가: 크리스, 회사를 _____? (그만두다)
   나: 응. 맞아. 그런데 누구한테 들었어?

4. 가: 요즘 독서 모임에 열심히 _____? (다니다)
   나: 네, 끊임없는 자기 계발이 중요한 시대잖아요. 자기 계발에는 독서만한 게 없더라고요.

5. 가: 김 대리, 이번에 _____? 한턱내! (승진하다)
   나: 벌써 들으셨어요? 알겠어요. 제가 오늘 저녁 살게요.

연습 3 문장을 완성하세요.

들은 내용	확인하기
1. 시험 전에 미역국을 먹지 않는다	한국에서는 _____ ?
2. 저출산 문제가 심각하다	한국의 _____ ?
3. 배우 이유나와 김민기가 사귀다	_____ ?
4. 반려동물을 키우는 사람들이 1,500만 명	한국에는 _____ ?

문법 ② 형-ㄴ/은 셈이다, 동-ㄴ/은/는 셈이다, 명인 셈이다

가: 한국의 인구가 약 5천만 명인데 서울의 인구가 약 천만 명이라고 해요.
나: 그럼 인구 5명 중 한 명은 서울에 사는 셈이네요.

한국에서 20년이나 살았으니까 한국은 내 고향인 셈이다.

가: 와, 하루 만에 이 보고서를 다 썼어요? 대단하네요.
나: 네, 한 시간만 자고 했으니까 거의 밤을 새운 셈이죠.

아침부터 지금까지 우유 한 잔밖에 못 마셨으니 하루 종일 굶은 셈이네요.

-ㄴ/은/는 셈이다, 인 셈이다는 어떠한 상황이나 사실과 거의 같다는 것을 의미합니다. 동사의 경우, 현재 사실일 때는 -는 셈이다를 사용하고 과거 사실일 때는 -ㄴ/은 셈이다를 사용합니다.

연습 1 문장을 완성하세요.

1. 가: 시간이 정말 빠르죠? 벌써 12월이에요.
   나: 네, 올해도 다 _____ (지나가다)

2. 가: 내일 워크숍에 사람들이 얼마나 와요?
   나: 출장 중인 사람을 제외하고 모두 오니까 _____ (다 오다)

3. 가: 너무 힘들어. 정상까지 얼마나 남았어?
   나: 이제 100미터 남았어. 거의 _____ (도착하다)

4. 가: 어제 밥값은 얼마나 나왔어요? 한 사람당 얼마 냈어요?
   나: 20만 원 나왔는데 부장님이 18만 원을 내셨어요. 부장님께서 다 _____ (내다)

연습 2 문장을 완성하세요.

1. 얼마 전 개봉한 "사랑의 꽃"이라는 영화를 본 사람은 2천 3백만 명이라고 한다. 한국 인구가 5천만 명 정도니까 이 영화를 _____

2. 드디어 마음에 드는 월세 집을 찾았다. 다른 집보다 10만 원 정도 비싸기는 하지만 이 집 월세에는 전기세를 비롯한 모든 공과금과 인터넷까지 포함되어 있다.
   즉, 이 집 월세는 다른 집보다 _____

3. 미혼 남녀 천명을 대상으로 한 설문 조사에서 85%가 결혼 계획이 없다고 했다.
   즉 3명 중 한 명이 _____

4. 현재 한국의 65세 이상 노인 인구는 전체 인구의 17.5%인데 계속 증가하여 30년 뒤에는 45%를 넘을 것으로 예상하고 있다. 30년 뒤에는 2명 중 한 명이 _____

문법 3 동-(으)나 마나

가: 약을 먹으려고 하는데 물이 없으면 우유라도 줄래요?
나: 약은 우유와 먹으면 흡수를 방해하기 때문에 먹으나 마나예요.

수업이 10분 밖에 안 남았으니 지금 가나 마나다.

가: 어느 팀이 이길까요?
나: 경기를 하나 마나 프로 팀이 이기겠지!

그 강좌는 영어로 하니까 하나도 이해할 수 없어요. 들으나 마나예요.

-(으)나 마나는 어떠한 행동을 하거나 안 하거나 결과가 같음을 나타냅니다. 문장 끝에서는 -(으)나 마나예요, -(으)나 마나다 형태로 쓰입니다.

연습 1 문장을 완성하세요.

1. 이렇게 바람이 심하게 불면서 비가 올 때는 우산을 _____ (쓰다)
2. 치워도 다시 어지르고 반복이에요. _____ (치우다)
3. 신호등이 있어도 무단 횡단을 하는 사람이 많아서 신호등이 _____ (있다)
4. 요즘 거의 매일 눈이 오니까 _____ (세차하다)
5. 아무리 설명해 줘도 이해를 못하니까 _____ (말하다)

연습 2 문장을 완성하세요.

1. 가: 수아는 왜 아직도 안 와요? 전화도 안 받네요.
   나: _____ 자고 있을 거 같은데요. (보다)

2. 가: 또 노트북이 고장 났어요?
   나: 벌써 다섯 번째예요. _____ 또 고장 날 것 같아서 새로 사려고요. (고치다)

3. 가: 부장님이 지금 무엇에 대해 이야기하고 있어요? 멀어서 잘 안 들리네요.
   나: _____ 잔소리를 하고 있을 거예요. (들어 보다)

4. 가: 이 옷 나한테 어울릴까?
   나: _____ 잘 어울릴 거야. (입어 보다)

5. 가: 민수 씨는 여자 친구가 없죠? 제 친구하고 소개팅을 하라고 해 볼까요?
   나: _____ 안 한다고 할 거예요. 민수는 연애에 관심이 없어요. (물어보다)

지훈: 민아야, 부모님이랑 싸**웠다면서**? 무슨 일이야?

민아: 부모님이랑 의견이 안 맞아서 좀 힘들어. 나는 결혼 생각이 전혀 없는데 부모님께서는 내가 결혼을 하고 아이를 낳기를 원하시거든.

지훈: 부모님 세대는 결혼을 하고 출산을 하는 것이 자연스러운 일이었기 때문에 네 생각을 이해하지 못하는 것도 당연해.

민아: 요즘 세대는 자기 일을 하면서 남는 시간에는 자기 계발도 하고 독신으로 살려고 하는 사람들도 많잖아.

지훈: 하긴★... 어느 설문 조사에 따르면 미혼 남녀 30%가 결혼을 하지 않을 거라고 답했대. 그러니까 열 명 중 세 명 정도가 결혼을 안 **하는 셈이지**. 그런데 왜 결혼할 생각이 없는 거야?

민아: 음, 여러 이유가 있지만 나는 경제적인 이유가 커. 혼자 사는 데도 경제적으로 넉넉하지 않은데 결혼을 하면 경제적인 부담이 더 커지게 될 게 뻔하잖아.

지훈: 그렇기는 하지. 다음에는 차분하게 부모님께 네 생각을 잘 이야기해 봐.

민아: 여러 번 이야기해 봤지만 서로 생각이 너무 달라서 말하**나 마나야**. 가끔 어른들은 젊은 사람들을 개인주의나 이기주의라고 말하는데 시대가 변한 만큼 젊은 사람들이 느끼는 부담도 이해해 줬으면 좋겠어.

★ **도와줘요, 알렉스!**
하긴은 상대방의 말에 동의하는 감탄사예요. '그러네요'와 비슷한 의미입니다.

연습 1 대화문에 대해 답하세요.

1. 민아는 무엇 때문에 힘듭니까?
2. 민아는 왜 결혼을 하지 않으려고 합니까?
3. 어른들은 젊은 사람들을 어떻게 생각합니까?

연습 2 여러분에 대해 답하세요.

1. 여러분 나라 사람들은 결혼에 대해 어떻게 생각합니까?

2. 한국 사람들이 경제적인 이유 때문에 결혼을 안 하려는 것에 대해서 어떻게 생각합니까?

말하기

연습 1 그래프를 보고 설명해 보세요.

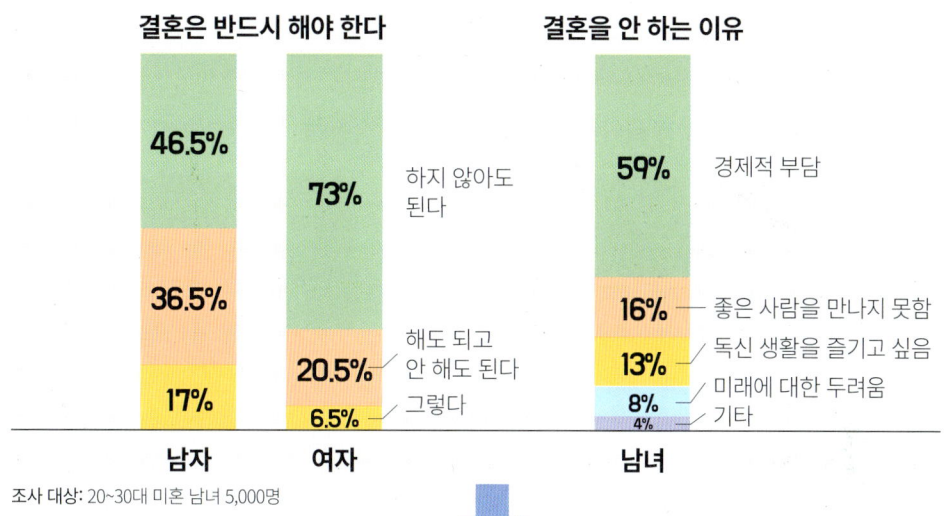

조사 대상: 20~30대 미혼 남녀 5,000명

> 한국에서는 결혼에 대한 인식이 크게 바뀌고 있습니다. 미혼 남녀 오천 명을 대상으로 "결혼을 반드시 해야 하는지"와 "결혼을 안 하고 있는 이유"에 대해 물었습니다. 먼저 결혼을 반드시 해야 하는지에 대한 질문에 _____

연습 2 위의 그래프 내용을 정리하고 친구와 이야기해 보세요.

결혼에 대한 한국 사람들의 생각	
1 결혼은 반드시 해야 하는가?	• 결혼을 하지 않아도 된다고 생각하는 여자들이 70%가 넘는다. • •
2 결혼을 안 하는 이유	• • •

보기
가: 결혼을 하지 않아도 된다고 생각하는 여자들이 70%가 넘는다면서요?
나: 네, 맞아요. 결혼을 하지 않아도 된다고 생각하는 여자들이 70%가 넘는다고 해요.

연습 3 친구와 묻고 답하세요.

1. 여러분은 결혼을 꼭 해야 한다고 생각합니까? 결혼은 선택이라고 생각합니까?

2. 결혼을 해야 한다고 생각한다면 그 이유는 무엇입니까?
   결혼을 하지 않아도 된다고 생각한다면 왜 그렇게 생각합니까?

연습 4 친구와 묻고 답하세요.

1. 저출산의 원인이 무엇이라고 생각합니까?

2. 저출산은 사회에 어떤 영향을 끼칩니까?

3. 출산율을 높이기 위해 어떤 정책을 시행하면 좋겠습니까?

힌트: 정책   저출산   출산율   고령화   인구 감소

듣기

연습 1 인터뷰를 듣고 답하세요.

1. 무엇에 대해서 이야기하고 있습니까?

   ① 결혼을 안 하는 이유
   ② 아이를 안 낳는 이유
   ③ 저출산과 고령화 현상
   ④ 대한민국의 젊은층 인구

2. 맞는 것에 ◯, 틀린 것에 ✕ 하세요.

   ① 현재 대한민국의 노인 인구는 7% 이상이다. ( )
   ② 고령화 사회에서는 소비를 하는 사람들이 적다. ( )
   ③ 저출산과 고령화 문제는 사회에 여러 부정적인 영향을 끼치게 된다. ( )
   ④ 고령화 현상은 노인 인구가 전체 인구의 65%를 차지하는 것을 말한다. ( )

3. 대한민국은 50년 후에 어떤 상황이 될 거라고 예측하고 있습니까?

4. 현재 젊은 사람들에게는 어떤 가치관이 확산되어 있습니까?

연습 2 대화를 듣고 답하세요.

1. 맞는 것에 ◯ 하세요.

   ① 한국에서는 아이를 낳으면 지원금을 준다.
   ② 나라마다 저출산 문제를 해결하기 위한 정책이 다르다.
   ③ 여자는 경제적인 이유 때문에 결혼을 하지 않을 것이다.
   ④ 남자의 나라에서는 경제 불황 때문에 사람들이 아이를 안 낳는다.

2. 지민이는 결혼에 대해 어떻게 생각하고 있습니까?

읽기와 쓰기

연습 1 글을 읽고 질문에 답하세요.

19~34세 청년층 82%가 미혼

통계청 자료에 따르면 현재 대한민국의 19~34세 청년층 82%가 미혼이라고 한다. 특히 평균 혼인 연령대인 30~34세 사이의 미혼 청년은 56%나 된다고 한다. 앞으로도 미혼 인구는 지속해서 늘어날 전망이다.

많은 청년들이 결혼을 하지 않는 데에는 여러 가지 이유가 있겠지만 결혼에 대한 인식과 가치관이 변화하고 있는 것이 가장 큰 이유라고 볼 수 있다.

이전 세대들은 결혼과 출산을 당연하게 생각했지만 요즘 젊은 세대들에게는 결혼과 출산이 선택이 된 것이다. 한 설문 조사에 따르면 20~30대 청년층 10명 중 8명 이상이 '결혼은 필수가 아닌 선택'이라고 생각한다고 한다. 이뿐만 아니라 앞으로 결혼 계획이 없는 사람도 3명 중 한 명이라고 한다. 젊은 층의 절반 이상이 결혼에 대한 의지가 없는 셈이다.

젊은 세대들이 결혼을 생각하지 않는 또 다른 이유는 경제 상황에 대한 불안감 때문이다. 한국뿐만 아니라 세계적인 경제 불황으로 취업률이 감소하고 있으며 일자리를 구하지 못하는 청년도 많이 있다. 이처럼 취업도 힘든 상황에서 자녀까지 키우기는 어려운 일이다. 그러다 보니 결혼을 포기하고 자기 계발이나 취미 활동을 하면서 인생을 즐기자는 사람들이 늘어나고 있다.

그런데 문제는 결혼을 하지 않는 사람들이 늘면서 저출산, 인구 고령화로 인한 사회 문제가 심각해지고 있다는 것이다. 현재 대한민국의 출산율은 세계 198위로 꼴찌라고 한다. 출산율이 줄어들면 인구가 감소하게 된다. 젊은 세대들은 줄어들고 노년층의 비중이 높아지는 고령화 사회로 접어들게 된다. 저출산과 고령화 현상은 우리 사회에 많은 영향을 미친다. 고령화 사회의 가장 큰 문제점은 경제 활동 인구가 줄어들기 때문에 소비가 감소하게 되고 계속해서 경제 불황이 이어지게 되는 것이다.

현재 대한민국의 청년층은 총인구의 약 20%를 차지하고 있다. 그러나 지금처럼 출산율이 계속해서 줄어드는 추세라면 현재 천만 명 정도인 청년 인구가 30년 뒤면 절반 수준으로 줄어들 것으로 전망하고 있다. 즉, 30년 후에는 10명 중 한 명만 청년인 셈이다. 이러한 문제를 해결하기 위해 정부에서는 출산율을 높이는 정책을 마련해야 한다. 무엇보다 청년들의 경제적 부담을 덜 수 있는 정책이 시급하다. 출산을 하면 지원금을 주거나 육아 휴직 제도를 개선하는 등 구체적인 정책이 필요하다.

1 맞는 것에 ○ 하세요.

① 현재 한국의 전체 미혼 인구는 56%이다.

② 30~34세 사이의 청년 두 명 중 한 명은 결혼을 하지 않았다.

③ 청년층 10명 중 8명 이상이 앞으로 결혼을 할 생각이 없다고 한다.

④ 30년 후에 한국의 청년층은 약 20%를 차지하게 될 것이다.

2 맞는 것에 ◯, 틀린 것에 ✕ 하세요.

① 현재 청년들은 결혼이 필수라고 생각하지 않는다. ( )

② 자기 계발을 하거나 독신을 즐기기 위해 결혼을 포기한다. ( )

③ 출산율이 줄어들면 청년층이 줄어들고 결국 고령화 사회가 된다. ( )

④ 경제 활동 인구가 줄어들면 소비가 늘어나서 경제 불황이 된다. ( )

⑤ 여러 정책 중 경제적 부담을 해결할 수 있는 정책이 가장 필요하다. ( )

3 이 글에서 설명한 내용이 아닌 것에 ◯ 하세요.

① 청년들이 결혼하지 않는 이유

② 저출산의 문제점

③ 고령화 사회의 문제점

④ 정부의 결혼 장려 정책

4 청년층이 결혼을 하지 않는 이유 두 가지를 쓰세요.

① _____

② _____

5 저출산 문제를 해결하기 위해 어떤 정책이 필요하다고 했습니까?

_____

6 여러분은 저출산 문제를 해결하기 위해 어떤 정책이 필요하다고 생각합니까?

연습 3 다음 질문에 대해 생각하고 229페이지에 글을 쓰세요.

- 저출산의 원인은 무엇입니까?
- 저출산이 지속되면 어떤 문제가 생깁니까?
- 저출산 문제를 해결하기 위한 방법에는 어떤 것이 있습니까?

한국 이야기

영상을 보고 한국에서 출산하는 것에 대해 더 알아보세요!

산후조리원

산후조리라는 말을 들어 본 적이 있나요? 한국에선 산후조리가 아주 일반적이에요. 산후조리란 여성이 아기를 낳은 후 허약해진 몸과 마음을 특별한 음식, 활동, 또는 거처 등의 보살핌을 통해 임신 전의 건강 상태로 회복하기 위한 휴식 기간을 이야기해요. 보통 산후조리를 위해 산후조리원에 들어가는데, 산후조리원은 산후조리 기간 동안 산모와 아기 모두를 위한 맞춤형 서비스를 제공하는 사설 센터예요. 출산 후 퇴원한 산모와 신생아가 보통 2주간 머물며 산후조리사들의 보살핌을 받고, 신생아들은 신생아실에 한데 모여 조리사로부터 수유와 수면 관리를 받아요. 산모는 조리원에서 제공하는 식사, 청소, 마사지 등의 서비스를 받아요.

한국은 저출산 문제가 아주 심각하지만, 산후조리원 이용률은 오히려 증가하는 추세예요. 출산 후 친정이나 집에서 몸조리를 하던 풍습이 산후조리원을 이용하는 쪽으로 변화하고 있기 때문이죠. 또한 고령 출산이 늘면서 부모님도 산후조리를 돕기 힘든 고령이 돼 전통 방식의 산후조리가 힘들어졌고, 젊은 부부들은 친정이나 시댁의 도움을 받지 않으려는 경향이 강해서 산후조리원을 찾는 부부들이 많다고 해요.

15

주요 표현
모든 일은 자신의 마음과 노력에 달려 있다고 생각하셨어요.

문법
형-다기보다는, 동-ㄴ/는다기보다는, 명(이)라기보다는
명에 의해서
명(으)로서
명에/에게 달려 있다

한국 이야기
조선의 왕 정조

어휘 및 표현

[한국의 위인]

이순신

퇴계 이황

율곡 이이

세종대왕

신사임당

선덕여왕

[인물]

위인	업적	생가	동상
명성	인품	성품	초상화
신분	장군	문인	생애

[평가]

평범하다	뛰어나다	총명하다	훌륭하다
위대하다	존경하다	인정을 받다	모범이 되다	솔선수범하다

[기타]

명언	백성	전투	전략	지휘 능력	거북선	몰두하다
측우기	모자	적군	공격	초월하다	발명품	창제하다
바로잡다	효도하다	후손	성리학	거문고	주어지다	선출하다

연습 1 **문장을 완성하세요.**

> 명성　　　신분　　　초상화　　　생가　　　위인

1 가: 역사 인물 중에서 가장 존경하는 사람이 있어?
　나: 이순신 장군. 이순신 장군의 _____ 은/는 외국에서도 대단해.

2 가: 한국에서 가장 유명한 _____ 은/는 누구야?
　나: 한글을 창제한 세종대왕이 아닐까?

3 가: 이번 주말에 미술관에서 역사 인물 _____ 전시회를 연대. 같이 갈래?
　나: 그래? 좋아. 같이 가자.

4 가: 이번 휴가에 어디에 가세요?
　나: 유명한 작가의 _____ 을/를 방문해 보려고요.

5 가: 최근에 본 드라마는 무슨 내용이에요?
　나: _____ 을/를 초월한 사랑 이야기예요. 정말 감동적이에요.

연습 2 **문장을 완성하세요.**

> 존경하다　　　총명하다　　　평범하다　　　위대하다

1 오늘은 특별한 일이 전혀 없었어요. _____ 하루였어요. (-ㄴ/은)
2 그 학생은 수학과 과학에서 항상 좋은 성적을 받아요. _____ 학생이에요. (-ㄴ/은)
3 이 작가의 작품은 정말 뛰어나요. 예술적인 업적을 보면서 항상 _____ (-게 돼요)
4 세종대왕은 한글을 창제하셨어요. 또 그 밖에 여러 분야에서 위대한 업적을 많이 남기셨어요. _____ 분이세요.
　　　　　(-ㄴ/은)

[어휘 마인드맵]

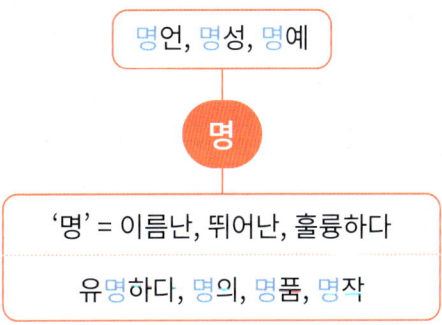

문법 ① 형-다기보다는, 동-ㄴ/는다기보다는, 명(이)라기보다는

가: 또 그 노래를 들어요? 정말 좋아하나 봐요.
나: 좋아한다기보다는 그냥 들을 게 없어서요.

그 배우가 연기를 잘한다기보다는 연기력이 나쁘지 않다는 것이다.

가: 이 문제가 좀 어렵지요?
나: 어렵다기보다는 복잡해서 머리가 아파요.

한국어 공부를 포기했다기보다는 잠깐 쉬고 있는 것이다.

-다기보다는, -ㄴ/는다기보다는, (이)라기보다는은 앞뒤에 내용에 차이가 있는 것을 비교하면서 앞의 말에 비해서는 뒤의 말이 더 알맞음을 나타낼 때 사용합니다. '-는 게 아니라'와 같은 의미입니다. 앞뒤에 반대되는 내용은 올 수 없습니다. 동사의 경우에 과거형은 -했다기보다는으로 사용합니다.

연습 1 문장을 완성하세요.

| 싸웠다 | 기피하다 | 망가졌다 | 있다 | 맞다 |

1. 결혼을 _____ 아직은 미혼으로 지내는 게 편한 것뿐이다.
2. 그림에 재능이 _____ 관심이 많아서 자주 그리는 편이다.
3. 냉장고가 _____ 오래돼서 이상한 소리가 난다.
4. 한국 음식이 입에 _____ 다른 음식은 비싸서 먹었다.
5. 남자 친구하고 _____ 생각이 조금 달랐던 것이다.

연습 2 문장을 완성하세요.

1. 가: 점쟁이가 한 말을 믿는 거야?
   나: 점쟁이 말을 _____ 그냥 조금 찝찝해서 그래.

2. 가: 이 옷 어때? 선물 받았는데 좀 촌스럽지?
   나: 음, _____ 너랑 좀 안 어울리는 것 같아.

3. 가: 어제 만난 사람 마음에 안 들어요?
   나: _____ 무슨 생각을 하는지 모르겠어요.

4. 가: 몸이 안 좋아요? 아파 보이는데요.
   나: _____ 요즘 고민이 많아서 힘들어요.

5. 가: 아들이 또 일등을 했어요? 정말 총명하네요.
   나: _____ 열심히 노력하는 편이에요.

문법 ② 명에 의해서

옛날에는 신분에 의해서 옷의 종류가 정해졌다.

범죄를 저지르면 법에 의해서 처벌을 받는다.

사람들은 미래가 운명에 의해서 결정된다고 생각했다.

에 의해서는 앞에 오는 명사가 어떠한 사실이나 상황의 수단이나 방법임을 나타냅니다. 앞에 오는 명사로 인해 상황이 이루어짐을 나타내는 표현입니다. 뒤에는 보통 '-되다, -아/어/해지다'로 피동사가 옵니다.

연습 1 문장을 완성하세요.

| 규칙 | 기록 | 투표 | 노력 | 광고 |

1. 가: 한국의 대통령은 어떻게 선출돼요?
   나: 국민들의 _____ 결정돼요.

2. 가: 얼마 전 뉴스에서 세종대왕 이야기를 들었어요?
   나: 네, 역사적 _____ 밝혀진 사실이 많더라고요.

3. 가: 이번 달에 우리 회사 제품이 정말 많이 팔렸대요.
   나: 새로 찍은 _____ 홍보가 많이 된 것 같아요.

4. 가: 또 다음 모임에 늦으면 어떻게 할래?
   나: 우리가 정한 _____ 결정하면 좋을 것 같아.

5. 가: 아, 공부하기 싫어. 그만할까?
   나: 조금만 더 힘내. 지금의 _____ 미래가 달라질 거야.

연습 2 친구와 묻고 답하세요.

1. 프로젝트의 성공 여부는 무엇에 의해서 결정됩니까? (노력, 협력)

2. 한글은 누구에 의해서 만들어졌습니까? (세종대왕, 조선시대 학자)

3. 어떻게 한국어 공부를 시작하게 되었습니까? (선생님의 추천)

4. 자식들의 생각과 행동은 어떻게 변화됩니까? (부모님의 말, 행동)

 **명(으)로서**

가: 신이 씨는 어떤 학생이에요?
나: 반장으로서 정말 모범이 되는 학생이에요.

엄마로서 가정을 위해 해야 할 일이 많아서 힘들다.

가: 도와줘서 정말 고마워.
나: 아니야, 친구로서 할 수 있는 일인데 뭘.

축구팀의 주장으로서 리더십을 발휘해야 할 때가 있다.

(으)로서는 지위나 신분, 자격 등을 나타낼 때 사용합니다.

연습 1 문장을 완성하세요.

| 친구 경찰 부모 팬 국민 |

1 가: 정말 감사합니다. 팬 여러분 덕분에 1위를 했어요.
   나: _____ 응원할게요.

2 가: 아이가 태어나니까 _____ 책임감이 생기네.
   나: 그럼. 부모는 아이의 거울이라고 하잖아.

3 가: 도움을 주셔서 감사합니다. 잊지 않을게요.
   나: 뭘요. _____ 시민을 돕는 건 당연한 일이지요.

4 가: 한 나라의 _____ 투표는 꼭 해야 돼.
   나: 알겠어. 투표하러 다녀올게.

5 가: 내가 아까 한 말 비밀이야.
   나: 걱정하지 마. _____ 비밀은 꼭 지킬게.

연습 2 문장을 완성하세요.

| 엄마 강사 아내 딸 |

나는 요즘 나에게 주어진 역할들로 인해 너무도 바쁜 시간들을 보내고 있다. 아침에 일어나자마자 1 _____ 아이들 밥을 챙기고 등교 준비를 시킨다. 그리고 나서 2 _____ 남편 점심 도시락을 준비한다. 오후에는 문화 센터에서 꽃꽂이를 가르치고 있는데 3 _____ 신경을 쓸 게 한 두 가지가 아니다. 꽃 시장에 가서 꽃을 사고 수업 준비를 해야 한다. 저녁에 집에 돌아오기 전엔 혼자 계시는 아버지 댁에 가서 4 _____ 아버지와 시간을 보내고 돌아온다.

 ④ 몡에/에게 달려 있다

SCAN FOR VIDEO

가: 아빠, 저희 오늘 외식하는 게 어때요?
나: 글쎄, 외식은 네 엄마에게 달려 있어.

가: 운동을 해도 살이 안 빠져서 속상해.
나: 다이어트 성공은 올바른 식습관에 달려 있어.

이번 여행은 날씨에 달려 있습니다.

우리나라의 발전은 젊은 사람들에게 달려 있다.

에/에게 달려 있다는 그 명사에 따라 어떤 일의 결과가 결정될 때 사용합니다. '에게'는 앞에 오는 명사가 유정 명사일 때 쓰입니다.

연습 1 문장을 완성하세요.

1 가: 인터넷으로 요리법을 보고 똑같이 했는데 맛이 왜 이렇지?
   나: 재료가 안 좋은 거 아니야? 요리 맛은 _____ (재료)

2 가: 시험에 합격할 수 있을까? 또 떨어질까 봐 걱정돼.
   나: 모든 시험의 결과는 네 _____ (노력)

3 가: 어떻게 하면 다이어트에 성공할 수 있어요?
   나: 운동도 중요하지만 무엇보다 먹는 _____ (음식)

4 가: 이번에는 우리 팀이 우승할 수 있겠지요?
   나: 우리 팀의 우승은 팀원들의 노력과 감독님의 _____ (경기 전략)

5 가: 한국어를 잘하고 싶은데 어떻게 해야 할까요?
   나: 외국어 실력은 무엇보다 _____ (단어)

연습 2 문장을 만드세요.

가: 어떻게 하면 행복하게 살 수 있을까요?
나: 행복은 무엇보다 건강에 달려 있어요.

1
가: 조건이 좋은 일이 하나 들어왔는데 할까 말까 고민 돼요.
나: _____

2
가: 이번에 꼭 장학금을 받아야 해.
나: _____

선생님: 여러분, 저기 동상 보이나요? 바로 한국의 위인 이순신 장군인데요. 이순신 장군에 대해 들어 본 적이 있나요?

학생1: 네, 대단한 업적을 남기셨다고 들었어요. 그런데 왜 동상이 있어요?

선생님: 이순신 장군은 한산도 해전과 명량해전, 노량해전을 승리로 이끌었어요. 이순신 장군은 거북선 전투로 아주 유명해요. 군사**로서** 업적뿐만 아니라 훌륭한 지휘 능력으로 많은 사람들에게 존경받았어요.

학생1: 와, 장군**으로서** 훌륭한 분이셨네요.

선생님: 네. 이순신 장군은 성품도 훌륭하고 매우 긍정적인 분이셨어요. 모든 일은 자신의 마음과 노력**에 달려 있다고** 생각하셨던 분인 것 같아요.

학생2: 저는 책에서 이순신 장군이 남긴 명언을 본 적이 있어요. 적군의 공격**에 의해** 죽어가면서도 '나의 죽음을 적에게 알리지 마라'라고 한 말이요. 그런데 왜 그런 말을 하신 거예요?

선생님: 만약 이순신 장군의 죽음을 알면 적군은 더 힘을 내서 공격을 할 거고 그러면 우리나라가 질까 봐 걱정이 돼서 한 말이에요.

학생2: 이제 알겠어요. 들으면 들을수록 정말 훌륭한 분이신 것 같아요.

연습 1 대화문에 대해 답하세요.

1. 누구에 대해 이야기합니까?
2. 이순신 장군은 어떤 분이었습니까?
3. 이순신 장군이 남긴 유명한 말은 무엇입니까?

연습 2 여러분에 대해 답하세요.

1. 여러분 나라에는 어떤 위인이 있습니까?

2. 어떤 업적을 남기셨습니까?

말하기

연습 1 친구와 묻고 답하세요.

보기

가: 사장으로서 가장 중요하게 생각하는 것은 무엇입니까?
나: 저는 <u>사장으로서</u> 직원들의 복지를 중요하게 생각합니다.

1

가: 학생으로서 해야 할 일이 무엇이라고 생각합니까?
나: _____

2

가: 자식으로서 어떻게 하면 부모님께 효도할 수 있을까요?
나: _____

3

가: 남자 친구/여자 친구로서 꼭 지켜 줘야겠다고 다짐한 것이 있습니까?
나: _____

4

가: 대통령으로서 국민을 위해 해야 할 일이 무엇이라고 생각합니까?
나: _____

연습 2 친구와 묻고 답하세요.

1 여러분이 잘하는 것은 무엇입니까? 그것을 처음부터 잘했습니까? (-다기보다는)
2 성공의 기준은 무엇이라고 생각합니까? (에 달려 있다)
3 다이어트 때문에 매일 운동을 합니까? (-다기보다는)
4 돈을 벌려고 인턴십 프로그램을 합니까? (-다기보다는)
5 ○○에 있어서 가장 중요한 것은 무엇이라고 생각합니까? (에 달려 있다)

연습 3 친구와 여러분 나라의 위인에 대해 이야기해 보세요.

위인 이름	
성별, 국적, 직업 등	성별: 국적: 직업:
업적	1 2 3
활동 분야	
그 사람이 한 말 중 유명한 말	
존경하는 이유	
느낀 점	

보기

제가 존경하는 인물은 _____ 입니다. _____ 을/를 통해서 _____ 을/를 알게 되었습니다. _____ 은/는 _____ (으)로서 _____ , _____ , _____ 등 많은 업적을 남겼습니다. 그분이 남긴 명언은 _____ 입니다. 제가 존경하는 이유는 _____ 때문입니다. _____ 덕분에 _____ 을/를 느끼게 되었습니다.

듣기

연습 1 대화를 듣고 답하세요.

1. 틀린 것에 ○ 하세요.

   ① 오죽헌에 화폐 박물관이 있다.
   ② 오죽헌에 가면 검은 대나무를 볼 수 있다.
   ③ 오죽헌은 율곡 이이가 어렸을 때 살았던 곳이다.
   ④ 오죽헌에는 신사임당의 동상은 있지만 율곡 이이 동상은 없다.

2. 여자는 대화가 끝난 후에 무엇을 할 겁니까?

   ① 오죽헌에 대해서 조사한다.
   ② 강릉에 어떻게 가야 하는지 알아본다.
   ③ 오죽헌 운영 시간과 입장료를 확인한다.
   ④ 화폐 인물인 신사임당과 율곡 이이에 대해 공부한다.

연습 2 강의를 듣고 답하세요.

1. 질문에 답하세요.

   ① 영화에 대해 정리해 보세요.

주인공	(		)
영화 제목	명량	한산	노량
배경	( )	한산도 전투	( )

   ② 위 세 영화의 공통점을 쓰세요.

2. 틀린 것에 ○ 하세요.

   ① 세 영화는 모두 다른 인물이 주인공으로 등장한다.
   ② 세 영화는 역사에 대한 관심을 갖게 만드는 작품이다.
   ③ 이순신 장군의 지휘 능력을 알 수 있는 영화들이다.
   ④ 이 영화들을 보면 역사적 사실을 배울 수 있다.

읽기와 쓰기

연습 1 내용을 읽고 질문에 답하세요.

〈 _____ 〉

정보		
	100원 이순신	조선시대의 장군 거북선을 만들어 일본으로부터 나라를 구함 전쟁 중에 <난중일기>를 씀
	1,000원 퇴계 이황	한국의 성리학을 대표하는 학자 학문 연구에 몰두하면서 다양한 책을 씀 학문 연구 및 교육을 위해 <도산서원>을 세움
	5,000원 율곡 이이	조선시대의 뛰어난 학자 조선 중기의 유학자이자 정치가 잘못된 정치를 바로잡으려고 노력함
	10,000원 세종대왕	조선의 제4대 왕 한글을 창제하고 백성의 언어생활을 편하게 함 비의 양을 재는 측우기 등 과학 기구 발명
	50,000원 신사임당	조선시대의 여성 학자이며 화가이자 문인 율곡 이이의 어머니, 훌륭한 어머니 시, 그림, 글씨에 재능이 뛰어난 예술가

1 이 글의 제목으로 알맞은 것에 ○ 하세요.

① 한국의 화폐에 등장하는 인물

② 위대한 발명품 종류

③ 인품이 훌륭한 사람들

④ 한국에서 명성이 높은 5인

2 질문에 답하세요.

① 세종대왕이 발명한 과학 기구는 무엇입니까?

② <도산서원>을 세운 사람은 누구입니까?

연습 2 글을 읽고 질문에 답하세요.

조선 최고 학자로 유명한 율곡 이이를 비롯해 일곱 남매를 훌륭하게 키워 세계 최초 모자(母子) 화폐 인물의 주인공이 된 신사임당. 신사임당은 어떻게 자녀를 모두 훌륭하게 키워낸 걸까?

신사임당은 자녀들의 미래는 부모에게 달려 있다고 생각했다. 그렇기 때문에 어머니로서 일곱 자녀 앞에서 늘 모범적인 모습을 보였다. 아침마다 자녀들보다 일찍 일어나 책을 읽고 감명 깊은 문장을 적어 아이들이 볼 수 있게 했다고 한다. 어머니 신사임당을 보며 자란 자녀들 또한 자연스럽게 책과 가까워질 수 있었다. 또한 신사임당은 아들 율곡 이이와 편지로 대화하며 스스로 생각할 수 있는 힘을 길러주었다. 교육을 한다기보다는 편한 대화를 한다고 느끼게 해 준 것이다.

이처럼 신사임당은 솔선수범의 자세로 자녀들을 훌륭하게 키울 수 있었다. 그 결과 율곡 이이는 조선 최고의 학자로 인정을 받게 되었다. 그뿐만 아니라 신사임당의 첫째 딸 이매창은 조선 3대 여성 화가로 이름을 알렸으며 막내 아들 이우는 거문고와 서예에서 아주 뛰어난 실력을 발휘했다. 신사임당의 지혜는 우리에게 큰 가르침을 주고 있으며 어머니로서 모범적인 삶을 살아가며 자녀들에게 좋은 교육을 제공한 훌륭한 인물로 기억되고 있다.

1 맞는 것에 ◯, 틀린 것에 ✕ 하세요.

① 신사임당은 율곡 이이에게 교육을 전혀 하지 않았다. (   )
② 신사임당은 자녀들에게 모범을 보이려 많은 노력을 했다. (   )
③ 신사임당의 딸인 이매창은 그림을 그리는 데 재능이 있었다. (   )
④ 신사임당은 자녀들을 훌륭하게 키운 인물로 유명하다. (   )

2 신사임당의 세 자녀가 무엇으로 이름을 날렸는지 각각 쓰세요.

_____

3 여러분은 신사임당의 교육관, 교육 방법에 대해 어떻게 생각합니까?

연습 3 다음 질문에 대해 생각하고 230페이지에 글을 쓰세요.

- 여러분이 존경하는 사람/위인은 누구입니까?
- 존경하는 이유는 무엇입니까?
- 그 인물을 닮기 위해 어떤 노력을 하고 있습니까?

영상을 보고 한국 명인에 대해 더 알아보세요!

조선의 왕 정조

정조는 조선의 제22대 왕으로 조선 후기 르네상스 시대를 이끈 왕들 중 한 명으로 평가돼요. 자신만의 정치 철학을 가지고 뛰어난 인재들을 등용하며 탕평책을 실시했고, 규장각을 설치하여 학문 연구 및 문화의 발전에 힘쓰기도 했어요. 또한 수원 화성을 건설하여 군사 도시로서의 면모를 갖추고 장용영을 설치하여 강력한 왕권을 확립한 왕이기도 해요.

정조는 재위 기간 동안 수많은 정책을 펼쳤어요. 우선 농업 생산력을 높이기 위해 여러 가지 제도를 정비했는데, 농사직설 등 농서를 간행하도록 하고, 모내기법을 전국적으로 확대했어요. 또한 세금 부담을 줄여주기 위해 균역법을 시행하기도 하였고, 상공업 진흥 정책을 펼쳐 백성들의 생활을 안정시키기 위한 노력도 아끼지 않았어요. 한편으론 국방 강화를 위해 성곽을 대대적으로 보수하고 무기를 제작하였으며, 북방 개척 사업을 벌여 압록강 유역의 여진족을 몰아냈어요.

정조를 떠올리면 가장 먼저 생각나는 것이 억울하게 죽은 아버지 사도세자를 기리기 위해 만든 수원 화성이에요. 1794년 1월 착공되어 2년 9개월 만에 완공되었는데, 당시 10만 명을 동원한 공사였다고 해요. 지금까지도 세계 문화유산으로 지정될 만큼 아름다운 모습을 자랑해요.

이렇게 다양한 분야에서 눈부신 성과를 거둔 정조였지만 안타깝게도 49세의 나이로 생을 마감했어요. 비록 짧은 기간이었지만 누구보다도 열정적이었던 왕이었기에 우리 역사상 가장 위대한 군주로 평가받는 왕이에요.

복습 ③

연습 1 맞는 것에 ○ 하세요.

1 방화, 살인 등 범죄를 저지른 사람에 대한 처벌을 _____ 한다.
   ① 강화해야   ② 대처해야   ③ 우려해야   ④ 격려해야

2 결혼을 _____ 이유로 가치관의 변화, 경제적 부담을 들 수 있다.
   ① 기피하는   ② 위반하는   ③ 바로잡는   ④ 통제하는

3 지구 온난화로 인한 기후 변화는 더 큰 피해를 끼칠 _____ 이다.
   ① 강요   ② 전략   ③ 사건   ④ 전망

4 가정 교육은 아이의 인격을 _____ 데에 도움을 준다.
   ① 해결하는   ② 발휘하는   ③ 형성하는   ④ 존경하는

5 세종대왕은 한글 창제 및 과학 기술 발명 등 _____ 업적을 남겼다.
   ① 뻔한   ② 위대한   ③ 끔찍한   ④ 막막한

연습 2 문장을 완성하세요.

> 포기하다   비판하다   조사하다   솔선수범하다   취득하다   배려하다

1 사장님이 _____ 업무를 열심히 하자 직원들도 더 열심히 일했다.
   (-아/어/해서)

2 힘든 상황이라도 _____ 끝까지 노력하면 좋은 결과가 있을 것이다.
   (-지 말고)

3 자신의 의견과 다르다고 상대방을 무조건 _____ 옳지 않다.
   (-는 것은)

4 직장인 1,500명을 대상으로 여가 시간을 보내는 방법에 대해 _____
   (-았/었/했다)

5 많은 사람이 이용하는 공공장소에서는 다른 사람들을 _____
   (-아/어/해야 한다)

6 좋은 회사에 입사하기 위해 외국어 관련 자격증을 _____
   (-았/었/했다)

연습 3 문장을 완성하세요.

| 에 따르면 | (으)로서 | (으)로 인해 | 에 의해서 |

1. 가: 정말로 두 배우가 결혼해요?
   나: 네, _____ 다음 달에 결혼한다고 해요. (소문)
2. 가: 차가 없으니까 빨리 뛰어 갑시다.
   나: 안 돼요. 무단 횡단을 하면 _____ 처벌을 받아요. (법)
3. 가: 한국은 교육열이 높아서 그런지 똑똑한 사람이 많은 것 같아요.
   나: 음, 과도한 _____ 스트레스를 받는 아이들이 많아요. (교육열)
4. 가: 또 공부해요? 요즘 공부하는 모습만 보네요.
   나: _____ 항상 열심히 공부해야죠. (학생)

연습 4 틀린 것에 밑줄 치고 알맞은 것을 쓰세요.

1. 이번 일은 큰일에 불과하니까 신경을 쓰지 마세요. → (   )
2. 안나 씨는 집에서 회사까지 가까우면서도 항상 일찍 와요. → (   )
3. 계속 범죄를 저지르다가는 감옥에 안 갈 거예요. → (   )
4. 일찍 출발하지 않았더라면 제시간에 도착했을 텐데. → (   )
5. 경기를 하나 마나 우리 팀이 이길지 모르겠어요. → (   )

연습 5 문장을 완성하세요.

| -ㄹ/을리가 없다   -ㄴ/은 셈이다 |
| -다기보다는   -(으)며   -다가 보면   -는 데에는 |
| 생활하다   영향을 주다   나빠지다   좋아지다 |

　　현재 지구 온난화가 점점 더 심각해지고 환경이 **1** _____ 사람들의 책임이 크다. 점점 늘어나는 자동차와 쓰레기 양을 보면 사람들이 환경에 **2** _____. 지금처럼 환경을 보호하지 않고 계속 **3** _____ 심각한 이상 기온 및 생태계 파괴 등을 발생시킬 수 있다. 우리가 환경을 생각하지 않으면 앞으로도 환경이 **4** _____. 따라서 앞으로는 우리가 살아가는 환경을 더 아끼고 보호하기 위해 노력해야 한다.

쓰기 연습장

01
- 여러분 나라의 취업률은 어떻습니까?
- 여러분 나라에서는 어떤 직업이 인기 있습니까?
- 여러분 나라에서는 청년들이 취업을 위해 어떤 노력을 합니까?

02
- 여러분은 외국에서 살아 본 적이 있습니까? 그때 어땠습니까?
- 외국에서 살 때 고향이 그리워서 힘들었던 기억이 있습니까?
- 외국 생활과 관련해서 어떤 좋은 추억이 있습니까?

03

- 우리가 버리는 쓰레기는 어떻게 처리하고 있습니까?
- 쓰레기가 계속 늘어나면 우리는 어떻게 됩니까?
- 쓰레기를 줄이기 위해 우리는 어떤 노력을 해야 할까요?

04

- 현대인들이 많이 걸리고 있는 질병은 무엇입니까?
- 원인은 무엇입니까?
- 예방을 하려면 어떻게 해야 합니까?

- 여러분이 사용했던 물건 중에 고장 난 물건이 있습니까?
- 왜 고장이 났습니까? 어떤 문제가 있었습니까?
- 고장이 나서 어떻게 했습니까? 어떻게 고쳤습니까?

- 지금까지 본 영화/드라마 중에서 가장 기억에 남는 것은 무엇입니까?
- 가장 기억에 남는 장면은 무엇입니까?
- 영화를 보고 난 후 무엇을 느꼈습니까?

07

- 한국 속담 중에 가장 좋아하는 속담이 무엇입니까? 왜 좋아합니까?
- 그 속담의 의미는 무엇입니까?
- 그 속담은 언제, 어떻게 사용합니까? 속담의 의미와 사용 상황, 사용 방법에 대해 쓰세요.

08

- 여러분은 어떤 앱을 자주 사용합니까?
- 여러분 나라에서 가장 인기 있는 앱은 무엇입니까?
- 어떤 점이 유용합니까?

09

- 여러분 나라에도 행운과 관련된 미신이 있습니까?
- 불행과 관련된 미신이 있습니까?
- 미신을 소개하고 미신에 대한 여러분의 생각을 쓰세요.

10

- 여러분은 한국에서 어떤 관공서에 가 봤습니까?
- 거기에 무슨 업무를 보러 갔습니까? 어떤 절차를 밟았습니까?
- 관공서를 이용할 때 어떤 어려운 점이 있었습니까?

11
- 최근에 일어난 사건, 사고에 대한 신문 보도 기사를 쓰세요.

12
- 177페이지에 있는 '환경을 위한 생활 습관'에 대한 설문 조사 결과를 쓰세요.

13

- 조기 유학의 장점과 단점은 무엇입니까?
- 여러분은 조기 유학에 찬성합니까? 아니면 반대합니까?
- 그 이유는 무엇입니까?

14

- 저출산의 원인은 무엇입니까?
- 저출산이 지속되면 어떤 문제가 생깁니까?
- 저출산 문제를 해결하기 위한 방법에는 어떤 것이 있습니까?

15

- 여러분이 존경하는 사람/위인은 누구입니까?
- 존경하는 이유는 무엇입니까?
- 그 인물을 닮기 위해 어떤 노력을 하고 있습니까?

단어 부록

영문	
A/S 서비스를 받다	to receive after-sales service
A/S 서비스센터	after-sales service center
OECD국가	OECD country
UN(유엔)	United Nations

ㄱ	
가난하다	to be poor
가는 날이 장날이다	to be bad timing
가슴 속에 간직하다	to cherish in one's heart
가입(하다)	to sign up/join
가정 교육	home education
가치관	values
가해자	perpetrator
간식	snack
갈증이 나다	to be thirsty
감독	director
감동적이다	to be touching
감소하다	to decrease
가속화시키다	to accelerate
감옥	prison
감옥에 가다	to go to prison
갑갑하다	to be stuffy
강간	rape
강도	robbery; robber
강요	coercion
개봉하다	to release (a movie)
개선하다	to improve
개인주의	individualism
거문고	*geomungo*
거부하다	to refuse
거북목 증후군	text neck syndrome
거북선	turtle ship
거주하다	to reside
건강을 해치다	to harm one's health
건조하다	to be dry
검색(하다)	to search
겨냥하다	to aim at
격려하다	to encourage
결핍	deficiency
경력	career, experience
경비 아저씨	security guard
경쟁률	competition rate
경쟁률이 세다	The competition rate is high.
경쟁이 심하다	The competition is fierce.
경쟁이 치열하다	Competition is fierce.
경제불황	economic recession
경찰서	police station
경험을 쌓다	to gain experience
계정	account
고등교육	higher education
고령화	aging
고생 끝에 낙이 온다	Every cloud has a silver lining.
고집이 세다	to be stubborn
곤란하다	to be difficult
골동품	antique
공격	attack
공공 도서관	public library
공교육	public education
공동 인증서	joint certificate
공무원	public servant
공상과학영화(SF영화)	science fiction movie
공장 폐수	factory waste water
공포 영화	horror movie
과도하다	to be excessive

과속하다	to speed (on a road)		금기를 지키다	to observe a taboo
과외	tutoring		금식	fasting
과태료	fine (penalty)		급격히	rapidly
과태료가 나오다	to incur a fine		급증하다	to surge/skyrocket
관객	audience		기분전환	change of mood
관계자	someone related to the event/place		기억에 남다	to be memorable
관련되다	to be related		기억에 오래 남다	to stay in memory for a long time
관상	physiognomy (face reading)		기억이 나다	to recall
			기억이 생생하다	to have a vivid memory
관절염	arthritis		기업	company
교양 과목	liberal arts subject		기피하다	to avoid
교육	education		기혼	married
교육 기관	educational institution		꼴지	last place
교육 수준이 높다	to have a high level of education		꾸미다	to decorate
			꾸중을 듣다	to be scolded
교육 시설이 좋다	to have good educational facilities		끌리다	to be attracted to
			끔찍하다	to be horrifying
교육열이 높다	to have a strong passion for education		**ㄴ**	
			나누다	to divide/share
교환 학생	exchange student		남을 욕하다	to curse others
교훈	lesson		낮말은 새가 듣고 밤말은 쥐가 듣는다	The walls have ears.
구독하다	to subscribe			
구성되다	to be comprised of		낯설다	to be unfamiliar
구직난	job-seeking difficulties		낯이 익다	to look familiar
구청	district office		내려받다	to download
군사	military		넉넉하다	to be generous
귀국하다	to return to one's home country		노년층	elderly population
			녹이다	to melt
귀중하다	to be precious		뉴트로	newtro (new + retro)
규정하다	to regulate		늘어나다	to expand
그치다	to stop		능력	ability
극복하다	to recover from		능력을 발휘하다	to demonstrate abilities
극심하다	to be severe		**ㄷ**	
근교	suburbs		다운로드하다	to download
금기	taboo		다큐멘터리	documentary
금기를 어기다	to break a taboo			

단골 식당	regular restaurant
단골	regular customer
닿하다	to reach
담겨 있다	to be contained
담다	to put in
당뇨병	diabetes
당분간	for the time being
대기 오염	air pollution
대기업	large company
대나무	bamboo
대사	line (in a script)
대여하다	to rent
대졸	university graduate
대처하다	to cope/deal with
대학 수학 능력 시험	College Scholastic Ability Test (CSAT)
대형 폐기물	large-sized waste
덩달다	to mimic blindly
도둑	thief
도망가다	to run away
도시락	lunchbox
독신	singlehood
동상	statue
동창	alumni
드라이어	(hair) dryer
등잔 밑이 어둡다	It's darkest under the lamp.
딱지가 붙다	to label/sticker
떠오르다	to come to mind
떠올리다	to recall
떼다	to detach
또렷하다	to be clear
똑똑히/분명히 기억하다	to remember clearly/vividly

	ㄹ
라벨	label
레트로	retro
로그아웃(하다)	to logout
로그인(하다)	to login

	ㅁ
마련하다	to prepare
마스크	mask
마약	drug
마음을 먹다	to make up one's mind
막막하다	to be frustrating
만성 피로	chronic fatigue
만화 영화	animated movie
말리다	to dry
망가지다	to break down
망치	hammer
매립하다	to bury garbage
매체	media
맹신하다	to blindly believe
먹이	feed
멜로 영화	romance movie
면접을 보다	to have an interview
명문대	prestigious university
명성	fame
명언	famous saying
모국어	native language
모범이 되다	to set an example
모자	hat
모집 공고	recruitment announcement
모집하다	to recruit
목격자	witness
몰두하다	to devote oneself
무단 횡단	jaywalking
무단 횡단을 하다	to jaywalk

무상 교육	free/fully funded education		버릇	habit
무상 수리	free repair		번거로움	inconvenience
문인	writer		번호표를 뽑다	to obtain a queue number
묻다	to be smeared/stained		벌금	fine
묻다	to bury		벌어지다	to occur
물건을 접수하다	to register an item		범인	criminal
물려받다	to inherit		범죄를 일으키다	to commit a crime
물음	question		범죄를 저지르다	to perpetrate a crime
물티슈	wet wipes		범행 동기	motive for the crime
미신	superstition		법원	court
미신을 믿다	to believe in superstition		변하다	to change
미혼	unmarried		변화하다	to change
민원 업무	civil affairs		병 주고 약 준다	a kiss and a punch
ㅂ			병에 걸리다	to catch a disease
바다 거북이	sea turtle		보건소	health center
바람을 쐬다	to get some fresh air		보이스 피싱	voice phishing
바로잡다	to correct		복	luck, fortune
반려동물	companion animal		복고	retro
반전	plot twist		복용하다	to take (medicine)
발견하다	to discover		복을 받다	to receive fortune
발급하다	to issue		복을 빌다	to wish for good fortune
발달하다	to develop		복이 나가다 (달아나다)	Fortune leaves/runs away.
발맞추다	to keep pace with		복이 오다	Fortune comes.
발명품	invention		복지 서비스	welfare services
발목을 삐다	to sprain an ankle		본인 인증	personal authentication
발생시키다	to generate; to incur		봉사하다	to volunteer
발생하다	to occur		봉사활동	volunteer work
방해가 되다	to be obstructive		뵙다	to see/meet (formal)
방화	arson		부담감	burden
배경음악이 좋다	to have good background music		부딪히다	to bump into
배려하다	to be considerate		부상자	injured person
배출하다	to emit/discharge		부서	department
배터리가 다 되다	Battery is dead.		부작용이 생기다	to have side effects
백성	people of a kingdom			

부지런하다	to be diligent	사주	Four Pillars of Destiny (Korean fortune-telling method)
부피를 줄이다	to reduce volume		
북태평양	North Pacific	사주를 믿다	to believe in the Four Pillars of Destiny
분리수거	recycling		
분리하다	to separate	사주를 보다	to have one's fortune told
분실 신고를 하다	to report loss	사춘기	puberty
불과하다	merely	사투리	dialect
불면증	insomnia	사회문제	social issues
불치병	incurable disease	삭제하다	to delete
불치병에 걸리다	to have an incurable disease	산업	industry
		살인	murder
불행	misfortune	살인(하다)	to murder
불행이 닥치다	Misfortune strikes.	살인자	murderer
불행이 찾아오다	Misfortune finds you.	살해(하다)	to kill
불행하다	to be unfortunate	상영하다	to screen (a movie)
비과학적이다	to be unscientific	상온	room temperature
비만	obesity	생가	birthplace
비밀번호	password	생동감	vividness
비우다	to empty	생동감 있다	to be lively
비율	ratio	생생하다	to be vivid
비치하다/되다	to provide/be provided	생애	life
비타민	vitamin	생태계 파괴	ecological destruction
비판하다	to criticize	생활 하수	domestic sewage
빌라	villa	서류/증명서를 떼다	to issue documents/ certificates
빨대	drinking straw		
뻔하다	to be obvious	서명하다	to sign
뽑아내다	to extract	설정(하다)	to set up/configure
ㅅ		설치(하다)	to install
사건	incident	섬유	fiber
사건 현장	scene of the incident	섭취하다	to ingest
사교육	private education	성리학	Neo-Confucianism
사기	fraud	성분	ingredient
사라지다	to disappear	성인병	adult disease
사료	pet food	성품	personality
사상자	casualty	세 살 버릇 여든까지 간다	Old habits die hard.

세대	generation
세월/시간이 빠르다	Time flies.
세종대왕	King Sejong the Great
소 잃고 외양간 고친다	Locking the stable door after the horse has bolted.
소각하다	to incinerate
소개	introduction
소방서	fire station
소용없다	to be useless
소음	noise
속담	proverb
손톱을 물어 뜯다	to bite one's nails
솔선수범하다	to take the lead
송별회	farewell party
수거하다	to collect
수동	manual
수리 센터	repair center
수리를 맡기다	to leave for repair
수리비가 들다	to incur repair costs
수리점	repair shop
수명	lifespan
수수료	fee
수질 오염	water pollution
순간	moment
스토킹	stalking
스트레스가 쌓이다	to accumulate stress
스트레스를 풀다	to relieve stress
스티로폼	Styrofoam
스펙을 쌓다	to build one's resume/CV
시청	city hall
시청률이 높다	to have high ratings
식은 죽 먹기	a piece of cake
신고하다	to report
신분	identity; status
신사임당	Shin Saimdang
신세대	new generation
신인상	rookie award
신조어	neologism
실	thread
실업	unemployment
실연	heartbreak
심각하다	to be serious
쓰레기를 내놓다	to put out the garbage

ㅇ

아역 배우	child actor
아예	entirely
악용하다	to abuse
안부	regards
안부를 전하다	to send regards
암벽 등반	rock climbing
압축하다	to compress
앞두다	to have ahead
애정운	love fortune
액션 영화	action movie
액정이 나가다	to have the screen break
앱	(mobile) app
앱을 다운(로드) 받다	to download an app
앱을 업데이트하다	to update an app
야근하다	to work overtime
약을 처방하다	to prescribe medicine
어댑터	adapter
어지르다	to make a mess; to rush
어학연수를 가다	to go for language training
업로드하다	to upload
업무를 보다	to handle tasks
업적	achievement
엉망이다	to be a mess
~에 묵다	to stay at (a place)
에티켓	etiquette

역할을 맡다	to take on a role
연기력	acting skills
연기를 잘하다	to act well
연령 제한	age limit
연봉이 높다	to have an annual salary be high
열의	fervor/enthusiasm
연장하다	to extend
열중하다	to devote oneself fully
열풍	craze
염색하다	to dye
염증이 없다	to have no inflammation
염증이 있다	to have inflammation
영상미가 뛰어나다	to have excellent cinematography
영양제	nutritional supplement
예고편	trailer
예방하다	to prevent
예의에 어긋나다	to be against etiquette
예체능	arts and physical education
예측	prediction
예측하다	to predict
오류가 나다	to have an error
오염되다	to be polluted
오죽헌	Ojukheon
오피스텔	office-tel (office + hotel)
온실가스	greenhouse gas
올리다	to upload/post
외	other; et al
우려하다	to worry
우물 안 개구리	A big frog in a small pond
우울증	depression
우천	rainy day
운	luck
운수	fortune

운이 나쁘다	to be unlucky
운이 없다	to have no luck
운이 있다	to have luck
운이 좋다	to be lucky
원료	raw material
원숭이도 나무에서 떨어진다	Even monkeys fall from trees.
월급을 받다	to receive a salary
웬일이야!	What a surprise!
위대하다	to be great
위로를 받다	to be comforted
위반하다	to violate
위암	stomach cancer
위인	great person
위협하다	to threaten
유상 수리	paid repair
유일하게	uniquely
유전적	genetic
유학하다	to study abroad
육아 휴직 제도	childcare leave system
율곡 이이	Yulgok Yi I
음주 운전	drunk driving
의무 교육	compulsory education
의식하다	to be aware of, to tend to do
이기주의	egoism
이면지	recycled paper
이물질이 묻다	to be contaminated with foreign substances
이별	farewell
이산화탄소	carbon dioxide
이상 기온	abnormal temperature
이상한 소리가 나다	to make a strange noise
이색적	to be exotic
이순신	Yi Sun-sin
이용 절차를 밟다	to follow the process/procedures

인격을 기르다	to cultivate personality	재방송하다	to rebroadcast
인격을 형성하다	to form personality	재수	luck, fortune
인구	population	재수가 나쁘다	to have bad luck
인기를 끌다	to gain popularity	재수가 없다	to have no luck
인복	luck with people	재수가 있다	to have luck
인상적이다	to be impressive	재수가 좋다	to have good luck
인재를 양성하다	to foster talent	재채기	sneeze
인정을 받다	to be recognized for one's achievements	재충전하다	to recharge
인턴십	internship	재활용	recycling
인품	character	저장(하다)	(to) save
일어나다	to happen	저절로	automatically
일으키다	to cause	저지르다	to commit
일자리	job	저출산	low birth rate
잊히다	to be forgotten	적군	enemy forces

ㅈ

적당하다	to be appropriate		
자격증, 면허를 따다/취득하다	to obtain certifications/licenses	적성에 맞다	to be suitable for one's aptitude
자극적이다	to be stimulating	전공 과목	major subject
자기 계발	self-development	전략	strategy
자동	automatic	전망	prospect
자동차 매연	vehicle exhaust	전원 어댑터	power adapter
자막	subtitle	전원이 안 켜지다	Power doesn't turn on.
자상하다	to be thoughtful, considerate	전입 신고	change of residence declaration
작가	writer	전자 서명	electronic signature
작동이 되다	to work/function	전쟁 영화	war movie
작동이 안 되다	to not operate/work/function	전투	battle
장군	military general	전해오다	to pass down orally
장단점	strengths and weaknesses	절도	theft
장르	genre	절차를 밟다	to follow procedures
장면	scene	젊은 층	young generation
재난 문자	disaster alert	점검을 받다	to be inspected
재물운	financial fortune	점을 보다	to have a fortune told
재발급받다	to reissue	점쟁이	fortune teller
		점점 멀어지다	to gradually grow apart
		접다	to fold

정주행하다	to marathon (a TV show)		ㅊ	
젖다	to get wet	차원	level
제공하다	to provide	차지하다	to occupy
제때	the right time	창제하다	to create
제정하다	to formulate	채널	channel
제출하다	to submit	채용	recruitment
조기 교육	early education	처리하다	to handle/deal with
조르다	to pester	처방전	prescription
조사하다	to investigate	처방하다	to prescribe medicine
조연	supporting actor	처벌(하다)	to punish
존경하다	to respect	처벌을 강화하다	to strengthen punishment
종량제봉투	volume-based waste disposal bag	처벌이 약하다	to have the punishment be light
죄를 짓다	to commit a sin	철저히	thoroughly
주민 센터	community center	청년	youth
주연/주인공	main actor/hero	청년실업	youth unemployment
줄거리가 흥미롭다	to have an interesting plot	체류하다	to reside
줄어들다	to decrease	초상화	portrait
중년층	middle-aged generation	초승달	crescent moon
중단되다	to suspend; to halt	초월하다	to transcend
중소기업	small and medium-sized enterprises (SMEs)	촌스럽다	outdated, tacky
증가하다	to increase	총명하다	to be clever
지구 온난화	global warming	촬영하다	to film
지나치다	to be excessive	추세	trend
지식	knowledge	추억으로 남다	to remain as a memory
지원금	financial support	출동하다	to dispatch
지휘 능력	leadership ability	출산율	birth rate
진찰하다	to examine (medically)	출시하다	to release (a product)
진학	entrance to higher education	출연하다	to appear (in a film)
징역	imprisonment	출입국 관리 사무소	immigration office
찌뿌둥하다	to feel achy	충전기	charger
찝찝하다	to feel uneasy	취득하다	to acquire
		취업난	employment difficulties
		취업률	employment rate
		취업하다	to find employment

취직하다	to get a job	평생에 걸치다	throughout life
취향	taste, preferences	평점	rating
측우기	rain gauge	폐기물	waste
층간소음	noise between floors	폐암	lung cancer
친환경	eco-friendly	포기하다	to give up

ㅋ

카네이션	carnation	포털사이트	web portal site
코드가 꽂혀 있다	to be plugged in	폭행	assault
코미디 영화	comedy movie	폴리에스테르	polyester
콜센터	call center	프린터	printer
쾌적하다	to be pleasant, to be comfortable	피해를 끼치다	to cause damage
		피해자	victim
		필기	note-taking

ㅌ / ㅎ

타로(카드)	tarot (cards)	학문	learning
탈퇴하다	to withdraw/cancel membership	학점	grade, academic credit
터지다	to go off; to explode	학창 시절	school days
텔레파시	telepathy	한 판	one round
텔레파시가 통하다	to transmit via telepathy	한턱내다	to treat (someone to a meal)
토양 오염	soil pollution	핫플	hot place
통제하다	to control	항목	item
통조림	canned food	해결하다	to resolve
통증	pain	해당되다	to correspond to/apply
퇴계 이황	Toegye Yi Hwang	해류	ocean current
퇴원하다	to discharge from hospital	해산물	seafood
투명	to be transparent	해양 오염	marine pollution
투숙객	guest; lodger	해킹을 당하다	to be hacked
투표	vote	해파리	jellyfish
티끌 모아 태산	Every little bit helps.	햇볕을 쬐다	to bask in the sunshine

ㅍ

		행운	good luck
파손되다	to be damaged	행운을 빌다	to wish good luck
파악되다	to be detected	행운이 따르다	Luck follows.
팸플릿	pamphlet	행운이 없다	to have no luck
평범하다	to be ordinary	행운이 있다	to have good luck
평생 교육	lifelong education	향수	nostalgia

향수병	homesickness
험담	slander
헹구다	to rinse
혈액	blood
혈중알코올농도	blood alcohol concentration
혜택을 이용하다	to utilize benefits
호랑이도 제 말 하면 온다	Speak of the devil.
홍보하다	to promote
화면이 안 나오다	Screen doesn't display.
화재	fire
화제가 되다	to become a hot topic
확대되다	to be expanded/extended
확산되다	to spread
환경미화원	sanitation worker
환경이 파괴되다	to destroy the environment
회복	recovery
회복하다	to recover
횡단하다	to traverse/cross
효과음	sound effect
효과적이다	to be effective
효도하다	to be filial
후손	descendants
후회스럽다	to be regretful
후회하다	to regret
훈육하다	to discipline; to educate
훌륭하다	to be excellent
휴학하다	to take a leave of absence from school
흥미롭다	to be interesting

MEMO

MEMO

MEMO